Couvertures supérieure et inférieure
en couleur

Les Auteurs gais
TABLEAUX
à la Plume

par

Jules Lévy

Ernest FLAMMARION, Éditeur.
26, Rue Racine, PARIS.

H. GRAY

EXPOSITION
DE
TABLEAUX A LA PLUME

DU MÊME AUTEUR

DANS LA MÊME COLLECTION

NOUVELLES

Les maris qui font rire. 1 vol. (3ᵉ mille). Couverture illustrée par Émile Cohl. . . . . 3 fr. 50
Paricotes ! 1 vol. (3ᵉ mille). Couverture illustrée par Fernand Fau. 3 fr. 50
Les gosses de Paris. (3ᵉ mille). 1 vol. Couverture illustrée par H. Gerbault. . . . . 3 fr. 50
Belles de jour et Belles de nuit. 1 vol. (4ᵉ mille). Couverture illustrée par Ferdinand Bac. . . . . . 3 fr. 50
Chouette, v'la des artistes (3ᵉ mille). 1 vol. Couverture illustrée par H. P. Dillon. . . . . 3 fr. 50
Tout a la rigolade ! (3ᵉ mille). 1 vol. Couverture illustrée par H.-P. Dillon. . . . . 3 fr. 50
Les femmes a tout le monde (4ᵉ mille) 1 vol. Couverture illustrée par M. Neumont. . . . . 3 fr. 50
Tout ça... c'est des histoires de femmes. (4ᵉ mille). 1 vol. Couverture illustrée par Ribera. . . . 3 fr. 50

THÉATRE

Estelle au lansquenet. Comédie en un acte avec illustrations de Caran d'Ache.
La douche. Comédie en un acte avec illustrations de M. Neumont.
Le confident. Comédie en un acte avec illustrations de Henri Pille.
La façon de penser. Comédie en un acte avec illustrations de H.-P. Dillon.
Ne varietur. Comédie en un acte.
Le cabaret de la chanson. Opérette en un acte.
Vive la liberté ! Revue en un acte.
Constatation ! Revue en trois actes.
Croza la charmeuse. Fantaisie-revue en un acte et en vers.
Hatons-nous d'en rire ! Revue en deux actes.
Molière aux enfers ! Revue en trois actes.
La parade du jubilé. Fantaisie-parade en un acte.
Pour la gosse ! Comédie en un acte.
Les affaires étrangères. Comédie en un acte.

LIVRES POUR LES ENFANTS

La belle madame. Illustré par Janel.
Mon ami Polichinelle ! Illustré par Émile Cohl.

ÉMILE COLIN — IMPRIMERIE DE LAGNY

LES AUTEURS GAIS

Exposition de Tableaux à la Plume

PAR

JULES LÉVY

PARIS
ERNEST FLAMMARION, ÉDITEUR
26, RUE RACINE, PRÈS L'ODÉON

Tous droits réservés.

EXPOSITION

DE

TABLEAUX A LA PLUME

ADALBERT EN REVIENT

ÉTUDE DE PAYSAGE

ADALBERT GAUFIN, 19 ans.
GUY DU MANCHE, 18 ans.
TONY LESCARPIN, 19 ans.

Guy et Tony sont à la terrasse du café de la Paix, en train de déguster, avec des chalumeaux de paille, des boissons américaines anti-stomacales; ils ont des petits complets ridicules, enfin ils sont vêtus à la dernière mode. De quoi devisent-ils? Plutôt de rien. Il est six heures et demie du soir, ils ont terminé leur apéritif, lorsqu'ils sont tirés de leurs méditations par Adalbert, qui est venu à pas de loup derrière eux s'installer sur une chaise.

ADALBERT. — Bonjour! les types!
GUY et TONY. — Adalbert!!

Adalbert. — Lui-même !

Tony, *le contemplant.* — Eh bien, mon vieux, t'en as une fiole !! T'es tomate ! On dirait que tu sors d'un bain de vermillon. T'es passé chez un teinturier avant de venir nous surprendre ?

Adalbert. — J'ai tout bêtement pigé ça à Valtrumard, chez papa. J' viens d'y passer un mois. Oh ! mes pauvres enfants, c' que je m' suis fait vieux !

Guy. — Moi, j' te trouve une mine épatante !

Adalbert. — C'est possible, mais ça ne m'amuse pas. Le docteur Bistoural va jubiler quand il va me voir ; c'est lui qui a poussé papa à m'envoyer aux champs sous prétexte de me requinquer ; il me trouvait trop vanné. Il avait même dit à papa que j' filais un mauvais coton. Papa qu'aime pas ça m'a collé au vert et, très satisfait de la cure, il voulait la prolonger d'un mois ; mais quand j'y ai dit qu' ça n' bichait pas, que j'allais me suicider s'il fallait récidiver, papa y a regardé à deux fois.

Guy. — T'avais donc pas de camarades par là ?

Adalbert. — A Valtrumard ? Non, m' voyez vous taillant des bavettes avec des petits paysans, des fils de fermiers ! J'ai fait sensation quand je m' suis aboulé, mon chic les a hypnotisés ; jamais ils n'avaient vu ça, ils en bavaient !! C'est que c'est un sale trou, Valtrumard ! Le grand-père de maman ne s' doutait pas qu'il serait doté d'un arrière-petit-fils de mon tonneau, le jour où il a acheté cette propriété-là; sans ça il se la s'rait payée sur le boulevard des Italiens, mais pas à Valtrumard! C'est loin de tout, le chemin de fer ne passe qu'à quatre lieues de là. C'est à vous dégoûter de l'existence.

Tony. — La campagne a pourtant son petit charme.

Adalbert. — Pour ceux qu'aiment ça! Le soir de mon arrivée, j'en avais soupé! Figurez-vous des champs tout vert et jaune et des bois tout vert; des bois où il n'y a que des arbres, c'est pas comme celui de Paris. Y a pas d' Champ d' courses! Pas d' Cascade! Pas d' Moulin! Pas d' Pavillon chinois ou d'Armenonville!!

Guy. — Y a pas un seul établissement dans les bois d' par là?

Adalbert. — Y en a pas! Les paysans n'y connaissent rien au confortable. Y aurait seulement un Chalet du Cycle avec des tziganes; un tout petit chalet avec des tout petits tziganes! Mais y a rien, absolument rien; c'est infect!

Tony. — Et dans l' pays?

Adalbert. — Ça, c'est l' comble! Pas une femme chouette, mon vieux, pas une. Elles sont toutes habillées en paysannes; elles s'occupent à des travaux champêtres. Y en a qui blanchissent, d'autres qui travaillent aux champs; y en a qui s'occupent des vaches.

Guy. — Ah! y a des vaches?

Adalbert. — Oui; mais pas des vaches ordinaires, des vaches avec des cornes et du lait : c'est dégoûtant! Et puis ça sent mauvais, mon vieux, c'est plein de courants d'air, ça sent la campagne; une odeur pas ordinaire, va! C'est en vain que j'ai cherché à respirer une seule fois le Cherry-Blossom ou le Corylopsis du Japon! La peau! Je m' suis tapé!

Tony. — Y a bien au moins quelques lieux de distraction pour y passer les soirées?

Adalbert. — Eh ben, t'en as une santé, si tu supposes ça! On s' couche tous les soirs à neuf heures; il n'y a là-bas aucun endroit où l'on puisse aller le soir; pas d' Folies-Bergère! pas d'Olympia! rien de tout ça. L'ennui mortel, que j' vous dis!

Guy. — Et tu as pu y résister?

Tony. — Tu n'y es pas claqué?

Guy. — C'est renversant!

Adalbert. — N'est-ce pas? Moi je m' suis épaté moi-même; je ne me croyais pas aussi solide que ça. Y avait l' fermier de papa qui voulait tout l' temps m'emmener en balade; et comme le docteur Bistoural m'avait interdit la bécane, que papa m'avait empêché d'emporter ma machine, les balades étaient à faire à pied. Autant que je l'ai pu, j'ai décliné les invitations du fermier; mais il me cramponnait, cet homme, avec un acharnement terrible. Il insistait tellement que, pour ne pas trop le désobliger, j'acceptais quelquefois; je m'en repentais toujours. Quand je rentrais le soir "étais fourbu et je pionçais en me fichant dans   portefeuille.

Guy. — En somme, tu as eu des vacances plutôt embêtantes!

Adalbert. — Aussi, ce que je vais me rattraper! Oh! mince! J'ai quelques louis à dépenser, mes petits lapins; nous allons faire la fête.

Tony. — T'es rien bath!

Adalbert. — Il faut que je me refasse, j'étouffe de santé! Quant à la campagne, je ne veux plus qu'on m'en parle. Oh! mes petits cocos chéris, ce que j'en reviens!!!

LA QUINZAINE

SCÈNE POPULAIRE

LÉON CAMBOUIS, ouvrier bijoutier, 37 ans.
FÉLIX LANDOUILLARD, ouvrier bijoutier, 35 ans.
LE PATRON, marchand de vins.

Devant le comptoir d'un marchand de vins de la rue des Vieilles-Haudriettes ; il est huit heures du soir. Léon et Félix sont debout devant le zinc depuis un bon quart d'heure.

Léon. — Ça sera la dernière, alors ?

Félix. — De quoi ? Pour une fois, par extraordinaire, qu'on s'paye une petite partie d'rigolade, tu cannes à la troisième chopine ! Patron ! deux chopines ?

Le patron. — Voilà, messieurs !

Félix. — Entre nous, ça s'rait pas chouette de ta part si tu t'en allais après celle-là ; je dirai même mieux : ça s'rait cochon ! Tu m'laisserais payer deux tournées et t'en prendrais qu'une à ton compte !

Léon. — Pour ne pas faire de jaloux, on payera chacun son verre, cette fois-ci !

Félix. — Jam'de lav ! C'est ma tournée ; j'l'ai offerte, j'régale. Moi, j'suis pas aussi pingue que toi. On a touché la quinzaine ce soir, on a bien l'droit d's'offrir un petit extra !

Léon. — J'dis pas l'contraire ; seulement, j'avais fait des projets.

Félix. — De quoi ? de quoi ? Des projets !! Quand on est avec un camarade, y'a pas d'projets qui tiennent.

Léon. — C'est que j'te vais dire, d'puis quéque temps j'fais des heures en plus, histoire d'engraisser la paye, pac'que dans un mois, ça s'ra la Sainte-Marguerite.

Félix. — Quel rapport Marguerite peut-elle avoir avec ta paye ?

Léon. — C'est la fête à ma femme.

Félix, *se flanquant des claques sur la cuisse*. — Ah ! bon ! ah ! j'te r'tiens ! Oh ! là là ! Pige-moi l'coup ! Monsieur rend des comptes à madame !

Léon. — Est-ce que toi,....?

Félix. — Malheur ! si ma borgeoise avait l'toupet d'me réclamer des comptes, ell' s'rait pas longue à être murée ! La galette, j'y en donne quand qu' ça m' plaît; ell' rouspète jamais, pac' qu'elle sait bien qu' ça l'avancerait à rien d'chialer !

Léon. — Moi, c'est pas la même chose. Marguerite tient les comptes en règle.

Félix. — Ell' met p'têt' de l'argent à la Caisse d'Épargne ?

Léon. — Oui, mon vieux ; ça t'en bouche un coin, hein ? Et pourtant, c'est comme ça ; nous avons déjà une obligation de la Ville de Paris et deux Bons de l'Exposition !

Félix. — Y a d'quoi s'tirbouchonner ! Léon le capitalisse ! Ah çà ! t'es donc un faux frère ? T'es un sale accapareur, tu laisses le pauv' peup'e mourir de soif pendant qu' tu fous ta galette dans un bas de laine ! Patron ! sa tournée ?

Le patron. — Voilà, messieurs ! (*Il verse deux chopines.*)

Léon. — Oh ! mon pauv' vieux ! c'est effrayant c' que tu siffles vite ; j'ai pas encore entamé mon troisième verre.

Félix. — C'est donc avec de l'eau bénite qu'on t'a appris à lamper ?

Léon. — J'ai probablement pas la dalle aussi en pente que toi ! En attendant, v'là mes heures en plus qui cavalent dans ton gosier !

Félix. — T'en r'f'ras d'autres la s'maine prochaine. T'es pas un faignant, toi ; t'es même cité comme modèle par le patron. Et même j'vais t'donner un bon conseil : t'as tort de tant travailler qu'ça pour deux raisons : la première, c'est qu'tu t'éreinteras vite, ça peut pas durer toute la vie ce petit manège-là ; la seconde, c'est que quand tu travailles tant qu'ça l'patron s'aperçoit que nous n'foutons rien ; alors i gueule et y a rien qui m'agace comme ça !

Léon. — J'crois qu'c'est plutôt la seconde raison qui est la bonne pour toi. Tu sais, j'ai bien du mal à finir mon troisième verre : c'est le manque d'habitude probablement : le quatrième aura un mal de chien à passer.

Félix. — Si ça fait pas suer ! On voit bien qu't'as pas été enfant d'chœur dans ton jeune temps. Vois-tu, la fréquentation des saints offices, y a rien d'plus chouette pour vous dresser au travail du zinc !

Léon. — Et puis, Marguerite va être inquiète quand elle va me voir en r'tard. Faut que j'me dépêche, d'autant plus qu'elle sait que j'ai touché ma quinzaine ; elle pourrait supposer qu'il a pu m'arriver un accident !

Félix. — Vrai ! ma parole ! c'est tout un monde ! Ma borgeoise est dressée ; le jour de la paye, elle a une habitude : elle se pagnote à huit heures du soir.

Léon. — Pourquoi donc ?

Félix. — Pac' qu'elle sait bien que j' rentre jamais que l'lendemain matin. Elle roupille bien tranquillement, elle fait d'beaux rêves ces nuits-là; et puis j' rentre jamais tout seul, j' suis toujours accompagné d'une muffée numéro un. Mais comme c'est demain dimanche, j'me r'poserai. Moi, j' suis un type dans l'genre de Dieu : quand j'ai touché ma quinzaine, j' me repose le seizième jour !

ADOLPHE

TABLEAU DE GENRE

ADOLPHE, peintre, 30 ans.
CHRYSOSTOME LENOIR, homme marié, 47 ans.

Onze heures du matin, dans l'atelier d'Adolphe, un jour de dèche et de pluie. Adolphe est encore au lit ; le lit se trouve dans une alcôve, et l'atelier de l'artiste est un chef-d'œuvre de désordre. Il ronfle, quand de violents coups de pied sont donnés dans la porte ; réveillé en sursaut, il saute à bas du lit, ne réfléchit pas, va ouvrir en chemise, et se trouve face à face avec un monsieur bien habillé, mais qui a l'air furibond. Le monsieur le bouscule et entre précipitamment.

CHRYSOSTOME. — Où est-elle ?

ADOLPHE. — Qui ça ?

CHRYSOSTOME. — Fernande ! (*Il frappe du pied.*)

ADOLPHE. — Puis-je savoir, monsieur, à qui j'ai l'honneur ?.....

CHRYSOSTOME. — Ne faites pas l'étonné, vous savez bien que je suis son mari ! (*Il accompagne toutes ses phrases de violents coups sur le plancher. Nous nous refusons à signaler continuellement cette particularité à nos lecteurs ; s'ils tiennent à se rendre compte de l'effet produit, ils accompagneront les répliques de Chrysostome d'autant de coups de pied qu'il leur plaira.*)

ADOLPHE. — À qui ? à quoi ? à Fernande ?

CHRYSOSTOME. — Là, vous voyez bien que vous savez tout.

ADOLPHE, *s'asseyant*. — Pardonnez-moi, cher monsieur Fernande, de vous recevoir dans une pareille tenue ; si vous voulez vous donner la peine de vous asseoir.....

CHRYSOSTOME. — C'est inutile ! je préfère rester debout pour les explications que vous avez à me fournir.

ADOLPHE. — Dites donc, mon cher monsieur Fernande....

CHRYSOSTOME. — Appelez-moi Lenoir ; Chrysostome Lenoir.

ADOLPHE. — Je n'y vois aucun inconvénient et j'aime beaucoup mieux vous appeler Lenoir : c'est un nom qui a été fait sur mesure à votre intention.

CHRYSOSTOME. — Trêve de balivernes !

ADOLPHE — Je ne baliverne pas le moins du monde. Or, c'est moi qui commence à la trouver mauvaise. Vous avez le toupet de me déranger, vous troublez mon sommeil un jour de dèche ; voilà une chose que je ne vous pardonnerai de ma vie.

CHRYSOSTOME. — J'aurais dû vous tuer en entrant ici.

ADOLPHE. — Je me consulte, monsieur Lenoir, et, après mûre réflexion, je déclare que vous vous seriez mis affreusement dans votre tort ; on ne tue pas les gens pour le plaisir de leur faire passer le goût du pain.

CHRYSOSTOME. — Un mari a toujours le droit de tuer l'amant de sa femme.

ADOLPHE. — Ça, mon vieux Chrysostome, c'est à régler entre votre conscience et vous. Tuez l'amant de votre femme si telle est votre fantaisie, mais épargnez mon sang qui n'a rien de commun avec celui de l'intrus qui vous a déshonoré.

CHRYSOSTOME. — Vous vous appelez bien Adolphe ?

ADOLPHE. — Depuis le jour où mon père a pris la peine d'aller le déclarer à la mairie du dixième arrondissement ; je suis né faubourg Poissonnière.

Chrysostome, *lui tendant une lettre.* — Reconnaissez-vous cette écriture?

Adolphe, *après avoir lu.* — Parfaitement!

Chrysostome. — Vous ne prenez même pas la peine de nier.

Adolphe. — Je vous ferai remarquer que je n'avoue rien ; d'ailleurs, à quoi bon…..?

Chrysostome. — Parbleu! J'ai trouvé cette lettre dans la poche du peignoir de Fernande ; vous lui donniez rendez-vous pour ce matin. Je l'ai suivie de loin, je l'ai vue entrer dans cette maison ; j'ai attendu cinq minutes, j'ai demandé à la concierge : « Monsieur Adolphe ? » Elle m'a répondu : « La huitième porte au fond du couloir de gauche, au cinquième ! » Et me voilà. Où est-elle?

Adolphe. — Mon vieux Chrysostome, est-ce que ça vous prend souvent, cette manière d'enfoncer les clous dans le plancher quand vous dites quelque chose?

Chrysostome. — Chaque fois que je suis en colère!

Adolphe. — Madame Fernande connaît votre déplorable et bruyante manie?

Chrysostome. — Elle me la reproche du matin au soir.

Adolphe. — Alors, il n'y a plus de danger pour sa jolie peau, je peux tout vous dire! Au-dessous de chez moi demeure monsieur Fourangeot, un garçon fort aimable qui a pour maîtresse une femme charmante que j'ai déjà rencontrée plusieurs fois le matin dans l'escalier.

CHRYSOSTOME. — Qu'est-ce que vous voulez que ça me fasse?

ADOLPHE. — Attends un peu, ma vieille branche, ta curiosité va être satisfaite, car j'espère que l'oiseau est déjà parti du nid. Fourangeot a un prénom qu'il ne donne qu'aux femmes, mais qu'il n'a jamais dit à la concierge. Il s'appelle Adolphe !.....

Lenoir bondit, mais quand il arrive à l'étage inférieur, le logement est inoccupé depuis dix minutes

LES NOUVEAUX LOCATAIRES

SCÈNE CHAMPÊTRE

LE PÈRE VINCENT, 50 ans.
LA MÈRE SALBRIQUE, 55 ans.
ROSALIE LAMERLUCHE, 17 ans.

Sur la grand'route de X..., jolie petite campagne située à quatorze kilomètres de Paris; le pays est très bien desservi par deux lignes de chemin de fer et par un tramway. La mère Salbrique et Rosalie Lamerluche s'en vont à leur ouvrage, elles sont blanchisseuses. Le père Vincent est aux gages d'un maraîcher. Il est cinq heures du matin, à la fin d'avril, il fait un beau soleil; Rosalie et la mère Salbrique descendent la route, le père Vincent vient en sens inverse.

LE PÈRE VINCENT. — Déjà su pattes, mère Salbrique ?

LA MÈRE SALBRIQUE. — Comme vous voyez, père Vincent ; quand on n'est pas riche, i faut se l'ver à matin pour gagner sa pauv' vie !

LE PÈRE VINCENT. — A qui qu'vous l'dites ?

Et toi, la Rosalie, c'est'i qu' tu vas aussi à t'n'ouvrage ?

Rosalie. — Mais oui, mais oui. J'aurais pourtant pas voulu y aller d' si bonne heure c' matin : j'ai pas beaucoup fermé l'œil ed' la nuit.

Le père Vincent. — A cause ?

Rosalie. — A cause ed d' ces gens qu'est emménagés d'hier dans la maison à ma tante Pinfroid; i's ont pas eu fini leu rangement avant onze heures.

La mère Salbrique. — Qu'estqu' c'est-i, ces gens-là ?

Rosalie. — Est-ce qu'on sait ?

Le père Vincent. — C'est des Parisiens ?

Rosalie. — Pour sûr ! d' la mauvaise graine ! Ça vient s'installer à la campagne tout comme si qu' c'était chez eux, comme si qu' not pays n'était pas à nous qu'en sons ?

La mère Salbrique. — I's ont un mobilier qu'est rud'ment beau, d'après c' que j'ai vu.

Le père Vincent. — C'est possible ! mais faut pas s' fier aux apparences; y a des gens qu'ont du beau meube : les trois quarts du temps c'est acheté à crédit, c'est pas payé.

La mère Salbrique. — Et ça vient faire des embarras chez les aut' ; ça a l'air de v'nir les éclabousser, d'un air de leur z'y dire : « T'en as pas d'aussi beaux qu'moi, des meubes ! t'as pas les moyens ! » Et puis ça n'a pas l'sou dans son porte-monnaie, ça doit à Dieu et au Diable !

ROSALIE. — Aussi ma tante Pinfroid leur z'y a fait payer six mois d'avance ; i's sont v'nus lui dire qu'i's avaient b'soin d' l'air ed la campagne pour leurs enfants, pour l'été.

LE PÈRE VINCENT. — I's ont des enfants !

ROSALIE. — Trois !

LE PÈRE VINCENT. — Ça mérite pas d'en avoir.

LA MÈRE SALBRIQUE. — Qu'est-ce qu'i font à Paris, ces gens-là ? Comment qu'i s'appellent ?

ROSALIE. — I s'appellent Moreau ; le mari est dans les journaux.

LE PÈRE VINCENT. — Oh ! un journalisse ! Ça doit pas êt' quéque chose de propre ! C'est au moins un homme qu'a déjà fait d' la prison !

ROSALIE. — P't'êt' ben !

LA MÈRE SALBRIQUE. — Quant à la femme, ça m'a l'air d'une pas grand'chose de bon ; elle avait une robe de soie et un chapeau avec des plumes pour arriver ici. Un jour de déménagement, est-ce qu'on s'habille comme ça ? Ça doit êt' une cocotte, cette femme-là !

LE PÈRE VINCENT. — Sans compter qu'i sont p't'êt' pas mariés, ces gens-là ?

ROSALIE. — P't'êt' ben !

LE PÈRE VINCENT. — C'est-i pas dégoûtant

d' voir nos campagnes infestées par des gens comme ça ! I viennent ici pour donner l'mauvais exemple à tout l'monde, et c'est ça qui veut êt' les maîtres d' la société, c'est ça qui veut nous diriger !

La mère Salbrique. — C'est t'honteux !

Le père Vincent. — Tout simplement ! Aussi on les aura à l'œil.

La mère Salbrique. — On leur z'y f'ra tant d' misères qu'i traîneront pas ici. C'est pas d' not' monde, ces gens-là ; i faut leur z'y faire sentir.

Rosalie. — I's ont payé leur loyer d'avance à ma tante ; y a pas d'danger ; on pourra leur z'y faire toutes les misères qu'on voudra, ma tante y perdra rien si i s'en vont.

Le père Vincent. — I faudra bien qu'i s'en aillent ; ce sera pain bénit de nous débarrasser de c'te vermine-là qui veut pas laisser la campagne à nous aut'. Elle est à nous, la campagne ; quand on est des Parisiens, on reste à Paris.

La mère Salbrique. — Vous avez joliment raison, père Vincent. J'vous quitte ; on va êt' en retard !

Rosalie. — Tiens ! Faut bien s' renseigner !

Le père Vincent. — Ça fait jamais d' mal. Au revoir !

Les femmes. — Au revoir !

L'INTELLIGENCE COMMERCIALE

TABLEAU D'AFFAIRES

ÉMILIEN FARDEAU, imprimeur et officier d'Académie, 48 ans.
SOPHIE FARDEAU, son épouse, 32 ans.

Au domicile personnel des époux Fardeau. Il est neuf heures du soir, les ateliers sont fermés. On a travaillé jusqu'à huit heures et quart, les patrons ont dîné à la six-quatre-deux pour dire qu'ils mangeaient et sans trop savoir ce qu'ils mangeaient, mais parce qu'il faut se nourrir, sans quoi on mourrait de faim. Monsieur a monté le Grand-Livre, le Brouillard et le Journal; Madame a pris des factures, des relevés de comptes et des enveloppes. Ils vont s'amuser à passer leur soirée en écritures et en fabrication de relevés ; nous sommes en fin de trimestre, ils ne se coucheront pas avant minuit, mais ils auront trois bonnes heures devant eux pour jouir de la plus grande félicité qu'ils connaissent au monde, celle d'éplucher les comptes des clients, d'additionner les chiffres et de faire des totaux volumineux. La table a été débarrassée par la bonne, qui l'a recouverte d'un tapis qui commence à avoir fait son temps, mais qui pourra bien encore aller jusqu'au jour de l'an de l'année prochaine ; on le changera pour l'Exposition. Madame a revêtu ses manches de lustrine, Émilien a fixé son pince-nez sur son appendice nasal, et c'est lui qui dictera le travail à Sophie.

Émilien. — Arnaudet, 17, Faubourg-Poissonnière : avril, 15, ma facture, 141,60 ; du 23, ma facture, 46,35 ; mai, 18, ma facture, 6,25 ; juin, 11, ma facture, 32,75. Additionne !

Sophie *qui ferait la pige à Inaudi.* — Eu... eu... eum ! 226,95.

Émilien. — Somme pour laquelle je ferai traite sur votre maison au 15 juillet prochain.

Sophie. — Ça fait juste quinze jours ; il trouvera peut-être que ça n'est pas assez long.

Émilien. — On lui mettrait ça à fin décembre qu'il demanderait encore du temps ! Il faut leur serrer la vis à tous ces gaillards-là ! Passons au compte Aubertin !

Sophie. — Il ne doit rien.

Émilien. — C'est possible ! Voilà trois ans qu'il n'a rien donné à faire.

Sophie. — Et son dernier compte a été sûrement réglé.

Émilien. — Oui ; mais c'est un brouillon qui n'a aucun ordre, il ne retrouvera pas son dernier acquit ; peut-être ne se souviendra-t-il plus qu'il l'a payé. On peut toujours essayer ; s'il retrouve l'acquit nous dirons qu'il y a erreur, s'il ne le retrouve pas, il payera encore ! Mon relevé 1895, francs 67,75.

Sophie. — Vrai, mon petit Émilien chéri, je t'admire !

Émilien. — Pourquoi ?

Sophie. — Parce que tu as vraiment l'intelligence commerciale très développée.

Émilien. — Ma chère amie, il n'y a que de cette façon qu'on arrive à faire une bonne maison. Si mon père avait eu les mêmes principes que moi, il n'aurait pas fait faillite ; il faisait le désespoir de ma mère.

Sophie. — Oh ! ta mère, elle, ça n'était pas la même chose !

Émilien. — Ma mère, c'était toi toute crachée. Mon père était une tête sans cervelle ; pour rien au monde il n'aurait poursuivi un débiteur insolvable. Pourtant, les huissiers n'ont pas été inventés pour les chiens.

Sophie. — Comment peut-on réussir dans ces conditions-là ?

Émilien. — Aussi, on ne réussit pas ! Heureusement je ne l'ai pas imité. Aujourd'hui nous avons notre petite maison à Bry-sur-Marne ; dans deux ans nous pourrons faire bâtir quelque chose dans le faubourg. Je pourrai, je l'espère, avoir des ateliers confortables et le Ministre du Commerce, qui a su déjà une fois reconnaître mon mérite en me donnant les palmes académiques, complétera son œuvre pour l'Exposition de 1900 en me donnant la Légion d'honneur, pour laquelle j'ai tous les droits ; il manquerait à tous ses devoirs en faisant le contraire. Tu comprends bien que, si j'imprime à l'œil les affiches des candidats qui soutiennent le gouvernement, c'est dans un but intéressé ; je ne serais pas assez godiche pour donner mon travail *gratis pro Deo*, si cela ne devait pas me rapporter quelque chose de sérieux !

Sophie. — Si tu savais combien j'aime à t'entendre parler ainsi ! Tu es bien l'homme qu'il me fallait.

Émilien. — Quant à toi, je puis dire que tu es la femme rêvée : travailleuse, intelligente, économe, rapiate même, ayant le sens des affaires.....

Sophie. — Mon père m'a élevée ainsi.

Émilien. — Et ton père avait bougrement raison, ça n'était pas une oie.

Sophie. — Ne bavardons pas, nous perdons notre temps. Après le compte Aubertin ?

Émilien. — Passons au compte Bardoigne.

Sophie. — Sur ce compte-là, j'ai le droit de me tromper dans l'addition : il ne vérifie jamais ses comptes.

Émilien. — Pas de blagues ! Trompe-toi à notre avantage ?

Sophie. — T'es bête ! Tu penses bien que je n'ai pas l'intention de faire autrement.

Émilien. — Je t'adore. Aussi, ce soir, tu auras ta récompense.

Sophie. — Non, pas ce soir ; nous n'aurons fini les comptes que mardi prochain ; nous remettrons cela à mardi !

Émilien. — Comme tu voudras !

LE WAGON J. 728.

TRIPTYQUE

Le wagon J. 728, qui fait partie du train rapide qui va de Paris à Marseille, est divisé en trois compartiments : il est parti de Paris à neuf heures quinze du soir, et il roule à quatre-vingts kilomètres à l'heure depuis une heure déjà.

PREMIER COMPARTIMENT DU WAGON J. 728

CLAUDE VINÇARD, riche négociant, 41 ans.
ODETTE DU MOULIN, artiste, 26 ans.

CLAUDE. — Dis-moi encore que tu m'aimes ?
ODETTE. — Mais, tu le sais bien que je t'aime ! Il faut bien qu'il en soit ainsi puisque je te sacrifie une soirée pour te reconduire jusqu'à Marseille ; je fais le voyage aller et retour pour rester plus longtemps avec toi, et, ce soir, je serai collée à l'amende à mon concert où je n'aurai pas fait mon tour de chant. Émile, le régis-

seur, est impitoyable sur le chapitre des amendes ; il ne vous rate jamais. Le patron l'encourage dans son petit trafic, histoire d'intimider ses pensionnaires. Ce soir, ça va encore me coûter cinq francs ; mais pour toi que ne ferais-je pas ?

CLAUDE. — Tu es divine ! Tu es ravissante ! Tu es la femme rêvée ; aussi je ne te marchande rien : tu as voulu un collier en vraies perles, tu l'as eu, tu as désiré un brillant pour ta coiffure, je n'ai pas hésité une seconde à te l'offrir. C'est égal, si ma femme savait ce que je fais en ce moment !!!

ODETTE. — Elle t'attend, ta femme ?

CLAUDE. — Non, elle ne m'attend pas ; elle a dû partir chez sa mère à Nîmes au lendemain de mon départ pour Paris la semaine dernière, elle ne reviendra que demain. Ah ! si pour un malheureux rendez-vous d'affaires je n'avais pas été obligé d'être demain à Marseille, comme j'aurais bien volontiers passé vingt-quatre heures de plus avec toi à Paris ; mais une grosse fourniture de cafés, une affaire de la plus haute importance me force à regagner mes pénates et, tu sais, quand on est dans les affaires.....

SECOND COMPARTIMENT DU WAGON J. 728
ERNEST LEPROU, 30 ans.
CLODOMIR BILOUARD, commis voyageur, 37 ans.

CLODOMIR. — Alors, monsieur, puisque vous allez jusqu'à Marseille, nous ferons route ensemble. Vous ne connaissez pas Marseille?

ERNEST. — C'est la première fois que j'y vais.

CLODOMIR. — La plus belle ville du monde, monsieur, sans me vanter; ça n'est pas parce que je suis Marseillais, mais il n'y a pas deux Canebières dans tout l'univers, y compris Constantinople. Si vous le voulez bien, je vous piloterai; je connais Marseille comme ma poche.

ERNEST. — J'y resterai fort peu de temps, j'y vais pour traiter une affaire.

CLODOMIR. — Une affaire de savons?

ERNEST. — Non, monsieur, une affaire de cafés.

CLODOMIR. — Je parierais vingt-cinq louis contre un sou que vous allez traiter avec Claude Vinçard!!

ERNEST. — Vous avez deviné juste.

CLODOMIR. — C'est que Vinçard est connu de tout Marseille, c'est le premier négociant en cafés de la ville, et vous êtes un veinard! Vous savez que ce coquin de Vinçard est l'heureux époux de la plus jolie femme de Marseille.

Ernest. — Je me le suis laissé dire.

Clodomir. — Té ! je parie que vous allez lui faire la cour !

Ernest. — Je ne la connais pas, seulement j'ai été prévenu.

Clodomir. — Attention, mon garçon, ne vous emballez pas. Madame Vinçard est une vertu farouche et son mari est d'une jalousie épouvantable ; c'est un véritable tigre, un Othello de derrière les fagots. Ne vous avisez pas de faire les yeux doux à sa femme : vous rateriez votre affaire et vous vous mettriez dans une fichue position. Vinçard est aussi jaloux qu'il est fidèle à sa moitié ; c'est un ménage modèle !

Ernest. — Oui ; mais moi, en affaires, je ne fais jamais de blagues.

Clodomir. — Vous avez bigrement raison : ça ne réussit jamais.....

TROISIÈME COMPARTIMENT DU WAGON J. 728

THÉRÈSE VINÇARD, 26 ans.
ALEXANDRE HERPIN, capitaine d'artillerie, 34 ans.

Alexandre. — Ma Thérèse adorée, si tu savais combien je souffre !

Thérèse. — Pourquoi, mon ami ?

Alexandre. — Parce que ce train file avec

une vitesse désespérante et que chaque minute écoulée m'enlève un siècle de bonheur !

THÉRÈSE. — Tais-toi ! grand aimé, tais-toi ! Tu te ferais trop adorer et je me sens si coupable...

ALEXANDRE. — Non, tu n'es pas coupable ; tu ne peux pas aimer ton mari : ce lourdaud est indigne de ton amour. Il ne peut pas te comprendre ; tu n'étais pas faite pour devenir la femme d'un homme de son espèce !! Tes parents ont été bien cruels ! ils n'ont pas voulu que tu deviennes ma femme, mais tu devais m'appartenir tôt ou tard : le ciel nous protégeait ; je suis à toi pour la vie.

THÉRÈSE. — Crois-tu donc que je ne serai pas malheureuse lorsque je serai rentrée à Marseille, après ces huit jours de bonheur si complet passés auprès de toi ? Si mon mari se doutait de quelque chose, pourtant ?

ALEXANDRE. — Il te croit chez ta mère !

THÉRÈSE. — Oui, et maman a été assez bonne pour m'aider dans ma petite combinaison ; elle lui a envoyé de Nîmes deux lettres banales que j'avais préparées à l'avance ; mais aussi, pour réparer tout cela, je prends les devants. Claude ne doit partir de Paris que demain matin, je serai rentrée avant lui. Quand nous arriverons en gare de Marseille, mon amour adoré, nous

nous redirons au revoir dans un baiser et nous attendrons avec impatience le moment de nous retrouver !

ALEXANDRE. — Ce moment sera toujours trop lent à venir.

THÉRÈSE. — Oh ! mon ami, mon ami, que je t'aime !!

(Et ce sont des baisers longs, longs, longs, longs.)

A onze heures du matin, tout notre petit monde se retrouvait en gare de Marseille. Tableau !

Aucune explication. A cinq heures du soir, Claude concluait une importante affaire avec M. Ernest Leprou, envoyé par la maison Bernston, du Havre. Cinq heures après, Ernest Leprou soupait en cabinet particulier avec Thérèse Vinçard. L'employé de la maison Bernston pouvait constater que son compagnon de route avait dit vrai en affirmant que madame Vinçard était la plus jolie femme de Marseille, mais il constatait également qu'elle était une vertu peu farouche et que son mari était d'une jalousie plus que douteuse.

LA BELLE-MÈRE CHANGÉE

TABLEAU DE FAMILLE

TRISTAN CAPRON, employé de banque, 32 ans.
SUZANNE CAPRON, sa femme, 22 ans.
ADÉLAIDE LEBOURG, mère de Suzanne, 43 ans.

Ils vivent en famille. Autrefois, la vie était insupportable ; depuis cinq mois, le calme le plus parfait règne dans cet intérieur. Suzanne n'avait pas voulu quitter sa mère, madame Lebourg était venue ; et lors de son mariage avec Tristan, union qui avait été célébrée trois ans avant cette petite scène, elle avait demandé à son mari de bien vouloir accepter sa mère dans leur ménage, et Tristan s'était follement engagé ; il commençait à le regretter, lorsque tout vint à changer de face. Nous sommes en plein mois de décembre, ils sont tous à table, le dîner touche à sa fin.

TRISTAN. — Savez-vous, madame Lebourg, que je remercie le ciel tous les matins depuis quelque temps ?

ADÉLAIDE. — Pourquoi donc, mon gendre ?

TRISTAN. — De la bonne idée que j'ai eue de vous emmener avec nous cette année à la mer ; l'eau salée a eu une influence salutaire sur votre caractère, car vous êtes changée du tout au tout.

SUZANNE. — C'est vrai, maman, tu es devenue tout à fait autre.

TRISTAN. — Autrefois vous étiez acariâtre, grognon, toujours en colère ; vous querelliez à tout bout de champ ; en somme, vous étiez insupportable. C'est à ne pas vous reconnaître. Quand je me souviens des jours passés, j'en ai parfois la chair de poule ; j'ai eu bien souvent l'envie de vous envoyer à la balançoire.

SUZANNE. — Je ne l'aurais jamais permis, ma petite maman.

TRISTAN. — Ça, je dois le reconnaître, Suzanne a toujours pris votre défense ; elle me disait de patienter, elle allait même jusqu'à me dire que cela changerait sûrement le jour où nous vous donnerions la joie d'être grand'mère !

SUZANNE. — N'est-ce pas, maman ?

TRISTAN. — Malheureusement nos efforts ont été vains ! J'adore ma petite Suzanne chérie...

SUZANNE. — Et moi j'aime mon petit mari adoré...

Tristan. — Mais c'est comme si nous avions flûté. Je crois qu'il faut faire votre deuil des petits enfants que vous pouviez rêver.

Adélaïde rougit de plus en plus, mais ne répond rien.

Suzanne. — Sans compter que je trouve que l'air de la mer a fait joliment du bien à maman.

Tristan. — Vous avez une mine superbe.

Suzanne. — Et puis, je ne sais pas si cela te fait cet effet-là, mais moi je trouve que maman engraisse considérablement.

Adélaide, *avec un geste tragique*. — Cruelle enfant ! Ne remue pas le fer dans la plaie !

Tristan. — Quel fer ?

Suzanne. — Quelle plaie ?

Tristan. — Belle-maman, vous êtes une bien brave femme, mais parfois vous dites des bêtises.

Adélaide. — Mon gendre, vous riez avec les choses saintes.

Tristan. — Je demande la clef de l'énigme ?

Suzanne. — Maman, tu nous caches quelque chose !

Tristan. — Vous avez un secret pour nous ?

Adélaide, *avec une voix sourde*. — Oui !

Suzanne. — Pas possible !

Tristan. — Vite ! vite ! dites-nous ce secret ?

ADÉLAIDE. — Promettez-moi à l'avance que vous ne me blâmerez pas?

TRISTAN. — A l'avance je prends l'engagement de ne vous faire aucun reproche, puisque ce secret que vous allez nous confier contient la raison qui fait que vous êtes devenue douce comme une brebis. Belle-maman, je déclare tout de suite que je vous dois des remerciements.

SUZANNE. — Si tu as des peines, il faut nous les dire?

ADÉLAIDE, *avec des larmes dans la voix.* — J'ai commis une faute.

TRISTAN. — Vous?

SUZANNE. — Toi?

ADÉLAIDE. — Oui, mes enfants! Et l'enfant que j'attendais de vous pour me consoler sur mes vieux jours, je le porte aujourd'hui dans mes flancs ; voilà mon secret.

SUZANNE. — Allons donc! maman!

TRISTAN. — Vous me confectionnez un petit beau-frère?

ADÉLAIDE *accablée*. — Oui!

TRISTAN. — Et où, s'il vous plaît, avez-vous perpétré ce crime? Oh! vous savez, ne nous cachez rien, nous avons le droit de tout savoir.

ADÉLAIDE. — A Granville, derrière une dune.

TRISTAN. — Et le nom de votre complice?

ADÉLAIDE. — Il se nommait Sébastien...

TRISTAN. — Sébastien ? Le chef de l'*Hôtel des Trois-Merlans* ?

ADÉLAÏDE. — Lui !

TRISTAN. — Belle maman, tous mes compliments ! L'an prochain, nous retournerons à Granville et, si Sébastien a changé de place, nous irons retrouver ce brave homme dans la station balnéaire où il séjournera. Je tiens à conserver la paix dans mon intérieur. Belle-maman, vous recommencerez !

PROPOS DE CHEMINEAUX

EFFET DE NUIT

EUSTACHE LEGRAND, 63 ans.
THOMAS PETIT, 37 ans.

Deux heures du matin. La grand'route est merveilleusement éclairée par la lune ; les deux hommes, misérablement vêtus, arpentent le chemin d'un pas cadencé.

Thomas. — C'est égal, père Eustache, on peut dire que cette nuit nous sommes bien servis.

Eustache. — J' te crois, mon fiston ; nous sommes des chanceux, voilà tout !

Thomas. — Quand on pense qu'il y a tant de gens malheureux !

Eustache. — Faut les plaindre et se féliciter de n' pas être comme eux.

Thomas. — J' suis bougrement content d'vous avoir trouvé ; vous êtes un joyeux compagnon de route.

Eustache. — Et puis, voyager tout seul, ça n'a rien de bien folâtre !

Thomas. — Surtout l'hiver !

Eustache. — On fait d'si mauvaises rencontres ! Moi, j'commence à en avoir vu de toutes les couleurs : v'là trente ans que j'marche. Quand comme moi tu s'ras culotté par la vie au grand air, tu verras comme c'est agréable. J'comprends pas les gens sédentaires, moi. J'aurais pu, tout comme un autre, arriver à un résultat dans c' monde-là ; si j'y suis pas arrivé, c'est qu' ça m'a pas plu.

Thomas. — Vous êtes pas né dehors ? Vous avez eu une enfance heureuse ?

Eustache. — Si on peut appeler ça heureux ; ça dépend des goûts ! J' suis né à Paris ; mes parents avaient des moyens ; enfin c'étaient pas des p'tites gens : ils tenaient une crèmerie du côté d' la Glacière, un quartier populeux d' la capitale ; ils y f|saient même proprement leurs affaires. Ils m'ont envoyé à l'école, mais tout jeune j'avais déjà des idées d'indépendance ; à douze ans, je me suis sauvé un jour de la maison ; on m'a repincé et ma mère était dans la désolation. Pour elle j'ai su retenir mon envie de courir le monde, mais du jour où elle est morte, j'ai pas pu y résister. Il m'a fallu cependant subir le service militaire, et dame ! là, j'ai beaucoup souffert, parce que dans c' métier-là faut pas avoir envie d' répondre, et ça m'est arrivé de temps en temps ; aussi j'ai goûté de la prison plus que mon compte, j' t'assure.

THOMAS. — Moi aussi, quand j'étais aux Bat d'Af' !

EUSTACHE. — D'autant plus grave qu'a fallu que je r'pique au truc au moment d' la guerre. Quelle sale chose que la guerre ! Autant vaut mieux n'en pas parler.

THOMAS. — Vraiment ?

EUSTACHE. — Oui, mon garçon. D'ailleurs, quand on est du pauv' peup' et qu'on a à se soumettre à des obligations ordonnées par des dirigeants qui risquent jamais leur peau à eux, c'est une mauvaise affaire ! Vaut mieux pas s'inquiéter des affaires publiques ! La Nature, vois-tu, mon gas, c'est la plus belle religion que l'homme peut avoir. Il y a des gens qui font toutes sortes de simagrées pour adorer un Dieu, chacun à leur manière ! Tout ça, c'est kif-kif bourricot, c'est toujours aussi bête. Il y a des malins et des naïfs, et les malins sont les exploiteurs qui font casquer les naïfs, et qui vivent à leurs dépens. Que ce soit de la religion ou de la politique, ça revient toujours au même : ils s'engraissent grâce à la stupidité de ceux qui les écoutent. La Liberté ! Quel joli rêve ! Il existe des millionnaires, des gens qui ont tout ce qui leur faut sous la main; parce qu'ils ont du pognon, ils n'ont rien à désirer. Les pauvres bougres! Je les plains: ils sont plus malheureux que nous.

Thomas. — Pas possibe!

Eustache. — Ils sont les esclaves de leur fortune ou de leur situation; ils ne peuvent pas, les quatre quarts du temps, faire ce que bon leur plait; tandis que nous, mon brave camarade, nous allons droit devant nous, sans aucun souci, la chanson sur la lèvre, travaillant souvent parce que ça nous plait. Et le travail, vois-tu, mon gas, c'est la plus grande distraction de l'homme; s'il n'avait pas le travail, l'homme crèverait d'ennui: Et puis l'amour! Nous l'avons journellement. Je parle pour toi qui es jeune et encore assez bien fignolé, car moi, j'ai remisé depuis belle lurette. Nous, nous n'avons aucune attache en amour; nous saisissons le petit dieu malin au passage et nous ne restons jamais assez longtemps quelque part pour nous créer une chaîne sérieuse. C'est encore la meilleure façon d'aimer!

Thomas. — On a bien quelquefois des regrets!

Eustache. — Qui sont apaisés le lendemain, parce que le lendemain on trouve sur la route la belle fille qui vous fait oublier celle de la veille. Ah! mon brave gas! remercions la Nature du bienfait qu'elle nous donne en faisant de nous des hommes libres, indépendants! T'as déjà entendu parler d'un nommé Rothschild?

Thomas. — Quèque fois; j'ai déjà vu son nom sur des bouts d'journaux, quand i traînent sur le chemin.

Eustache. — Cet homme-là passe pour l'homme le plus riche du monde. J'te parie c'que t'as contre ce que j'ai, c'est-à-dire peau de balle contre balai d' crin, que cette nuit il s'rait incapable d'être aussi gai que moi.

Il entonne une romance au refrain plaintif et les deux hommes disparaissent au tournant de la route.

LE SUPRÊME CHIC

TABLEAU MONDAIN

LE COMTE ADALBERT DES ABLETTES, 55 ans.
LA COMTESSE IRÉNÉE DES ABLETTES, 38 ans.

Dans leur hôtel de la rue Saint-Dominique, petit salon d'une sévère élégance, où tout respire le confort. Le comte, en habit, le chapeau haut de forme sur la tête, a un pardessus mastic plus court que son habit. La comtesse, dans une merveilleuse toilette de soie mauve brochée d'épis d'or, a mis sur ses épaules nues une sortie de bal garnie de renard bleu; sur son élégante coiffure, une mantille du plus beau point; elle boutonne ses très hauts gants blancs.

LE COMTE. — Alors, vous ne voulez pas m'offrir l'hospitalité dans votre loge ce soir? J'aurais été cependant fort heureux qu'on vienne à nous rencontrer ensemble au moins une fois tous les deux mois.

LA COMTESSE. — Pourquoi, mon cher, vous

y prenez-vous comme les carabiniers? Mes invitations sont faites pour ce soir et ma loge est complète. D'où vous vient, s'il vous plaît, ce regain d'amour? Voilà au moins quatre ans que vous ne m'avez exprimé un pareil désir.

Le comte. — Que voulez-vous, ma chère Irénée....

La comtesse. — Oh! oh! le petit nom, maintenant. Pourquoi ne me tutoyez-vous pas, pendant que vous y êtes? Ce serait plus chevaleresque ou plus sentimental!

Le comte. — Vous ne croyez pas à mon amour?

La comtesse. — Si, j'y crois; mais vous avez rarement des élans de tendresse : permettez-moi de le constater et de m'en étonner.

Le comte. — Les exigences de notre monde, le suprême chic que nous possédons vous et moi ne permet pas un trop grand étalage d'affection.

La comtesse. — Je le sais, par Dieu, bien; tout le monde le sait et cela ne blesse personne. Les petits jeunes gens qui forment ma cour se croient tous plus ou moins obligés de m'offrir leurs cœurs avec leurs bras; j'accepte les bras et je néglige les cœurs : nous avons tant à faire que je n'ai pas le temps de me laisser aimer, même par vous.

Le comte. — N'allez donc pas ce soir à l'Opéra ?

La comtesse. — Que dites-vous là, bonté divine ? Ai-je bien entendu ? Que dirait le monde, mon cher mari ?

Le comte — Le monde en penserait ce qu'il voudrait, cela m'est tout à fait indifférent ; mais si le monde m'empêche de jouir de mes droits de mari, je me rebiffe et je dis au monde d'aller se faire lanlaire. La loi est pour moi, et si je vous défendais...

La comtesse. — Oh ! le vilain mot ! Comment, mon cher comte, vous auriez la prétention de me défendre quelque chose ? Mais cela tournerait tout à fait au comique et cela vous prendrait un peu bien sur le tard ; nous sommes de vieux époux, nous avons déjà quatorze ans de ménage et le badinage n'est plus notre fait.

Le comte. — Parlez pour vous, car moi...

La comtesse. — Oui, je sais, vous êtes un lovelace. Croyez-vous que j'ignore votre liaison actuelle avec la petite Ribolet, de l'Opéra ? Je vous adresse même tous mes compliments : elle est charmante cette enfant, elle danse avec un art exquis, elle fait les pointes comme un ange. J'ai également su que vous aviez entretenu sur un très large pied mademoiselle Cléo de Monceau, une grue fort cotée, très élégante d'ailleurs. Vous avez même esquissé un roman avec une Jenny l'ouvrière quelconque qui demeurait, je crois, sur les hauteurs de Ménilmontant. J'en passe et non des plus ordinaires. Croyez-vous que tout cela m'a blessée et a pu diminuer un instant la tendresse, le dévouement et le respect que je vous dois? Si vous le croyez, mon cher comte, vous êtes dans l'erreur. Je ne ternirai jamais votre blason, car je ne vous tromperai jamais; j'ai beaucoup trop à faire pour cela, le temps me manque. Mais qu'aujourd'hui il vous prenne la fantaisie de filer le parfait amour avec moi, voilà ce que je trouve extraordinaire et dans les choses les plus impossibles qu'il soit permis de supposer.

Le comte. — Pourtant!...

La comtesse. — Mais vous nous feriez remarquer l'un et l'autre, mon cher Adalbert! Hein? Comme je suis gentille! je me souviens encore de votre prénom et je l'emploie. Non, non, cela ne nous est plus permis; le chic ne nous autorise pas de pareilles familiarités. Allez ce soir à votre Cercle ou vaquez à d'autres occupations, mais, je vous en prie, ne venez pas à l'Opéra!

Le comte. — Si pourtant, en prévision de ce qui allait arriver, je vous exhibais un coupon de fauteuil d'orchestre loué ce tantôt? (*Il le lui présente.*)

La comtesse. — Vous me désobligeriez souverainement en venant ce soir. Vous ne voulez pas nous rendre la fable du Tout-Paris mondain, n'est-ce pas? Vous passeriez pour un mari jaloux qui vient surveiller les faits et gestes de sa femme.

Le comte. — Cela m'est très pénible, excessivement pénible, car je vous aime.

La comtesse. — Je le crois.

Le comte. — Et je veux vous le prouver : j'attendrai votre retour ici, je ne sortirai pas ce soir.

La comtesse. — Oh! oh! mon cher! vous frisez le ridicule, vous voulez que nos gens en arrivent à se moquer de nous! Oh! non, par exemple! Si vous tenez absolument à user de vos droits de mari, il faudra attendre quelques semaines, prétexter un voyage dans le Midi; alors, moi, je dirai que je vais chez ma mère en Touraine et je prends l'engagement formel de vous rejoindre où il vous plaira de me donner rendez-vous, à la condition que l'endroit sera discret et qu'on n'y verra rôder aucune âme parisienne. Ma réputation serait compromise si on pouvait nous voir tous les deux comme deux amoureux. Je crois au petit revenez-y et je veux vous donner satisfaction, mais pas avant trois ou quatre semaines; toutes mes soirées sont prises pour le mois. Et puis, ne causons pas davantage : vous me feriez manquer l'Opéra où je reçois ce soir. Baisez le bout de mes doigts fuselés et sachez que dans un mois je serai toute à vous pour au moins cinq ou six jours.

Le comte. — Vous verrez alors combien je vous aime !

La comtesse. — En attendant, ne vous gênez pas, ne quittez pas la petite Ribolet : on en pourrait jaser et on ferait des suppositions désagréables. Le suprême chic ne nous le pardonnerait point.

MORCEAU DE CHANT

TABLEAU A MUSIQUE

AUGUSTIN FRÉMIOT, riche négociant, 55 ans.
PIERRE LABRAY, son secrétaire, 24 ans.
JUSTINE MORLIN, 21 ans.

Dans le bureau de Frémiot, aspect sévère : Augustin parcourt rapidement son courrier, annote diverses lettres et les passe à Pierre.

AUGUSTIN. — Expédions cela rapidement, hein ! monsieur Pierre ?

PIERRE. — Bien, monsieur.

AUGUSTIN. — Avez-vous songé à préparer ma profession de foi pour les élections de la commune de Toupard-en-Vexin ? Vous savez que je tiens essentiellement à ne pas faire un four aux élections de mai prochain ; il faut tout leur promettre et rédiger mes déclarations de façon à ne pas trop m'avancer : j'ai certaines susceptibilités à ménager. L'esprit de Toupard-en-Vexin est nettement républicain, mais je ne veux m'aliéner en aucune façon le concours du curé, ni celui des gros agriculteurs; ces gens-là ont plutôt des idées conservatrices. Je tiens à ménager la chèvre et le chou et je veux à tout prix être nommé conseiller général! C'est la première étape ; j'ai de l'ambition, et, mon Dieu ! quel est l'homme qui n'en a pas?? Je compte donc absolument sur votre savoir-faire.

PIERRE. — Vous pouvez être tranquille, monsieur : j'ai fait ma philosophie à Stanislas et, comme j'ai été élevé à bonne école, je saurai dire ce qu'il est utile de dire.

AUGUSTIN. — Vous êtes un homme précieux ; si je réussis, comme je vous devrai une fière chandelle, je doublerai vos appointements.

PIERRE. — Vous êtes mille fois trop bon !

AUGUSTIN. — Non, je suis juste. Tout le courrier est vu ; faites distribuer cela aux expéditionnaires. Vous ferez remarquer à M. Dubien que la maison Polinchard demande un renouvellement pour son échéance de fin de mois; à une autre époque, il faudrait carrément le lui refuser; le moment des élections approche, il ne faut pas que je passe pour un homme féroce. Les Polinchard ont des ramifications avec certains de mes électeurs. Faites donc distribuer la besogne ; je vais faire mon tour de Bois. (*Il se lève pour prendre son chapeau.*)

PIERRE. — Il y a là, monsieur, une dame qui vous attend.

AUGUSTIN *étonné*. — Une dame ?

PIERRE. — Oui, monsieur.

AUGUSTIN. — Que me veut-elle ?

PIERRE. — Elle veut vous parler en particulier ; elle a refusé de donner son nom.

AUGUSTIN. — Est-elle jolie ?

PIERRE. — Elle n'est pas mal.

AUGUSTIN. — Alors, faites entrer et occupez-vous de la besogne dont je vous ai chargé. (*Pierre sort et introduit Justine, vêtue de deuil, avec une voilette qui lui couvre le visage.*)

AUGUSTIN. — Donnez-vous la peine de vous asseoir, madame !

JUSTINE *en s'asseyant*. — Mademoiselle ! (*Elle relève sa voilette et Augustin la regarde, étonné.*)

AUGUSTIN. — Je n'ai pas l'honneur de vous connaître, mademoiselle. Puis-je savoir à quel heureux hasard je puis attribuer l'honneur de votre visite ?

JUSTINE. — En effet, monsieur, vous ne m'avez jamais vue ; mon nom vous dira peut-être quelque chose : je me nomme Justine Morlin.

AUGUSTIN, *avec un tressaillement*. — Vous

avez raison, mademoiselle. Vous venez sans doute me voir de la part de mademoiselle Louise, votre sœur ?

JUSTINE. — Non, monsieur !

AUGUSTIN, *avec un soupir de soulagement.* — Ah !

JUSTINE. — Louise, ma sœur, est morte il y a six mois.

AUGUSTIN, *feignant une impression douloureuse.* — Ah ! mademoiselle Louise est morte??

JUSTINE. — Je croyais que vous ne l'ignoriez pas ! (*Silence.*) Si je viens vous trouver aujourd'hui, monsieur, ne voyez dans ma démarche rien que de très naturel ; je viens parce qu'il faut que j'élève l'enfant de Louise et……

AUGUSTIN. — Ah ! mademoiselle Louise avait un enfant ?

JUSTINE. — De vous, monsieur !

AUGUSTIN. — Allons donc ! vous plaisantez ?

JUSTINE, *d'un ton très digne.* — Ai-je l'apparence de quelqu'un qui plaisante ?

AUGUSTIN. — Non, seulement je veux dire……

JUSTINE, *doucement.* — Ne dites rien, monsieur. Ma sœur m'a légué sa fille ; elle a nom Augustine, elle est gentille comme un petit cœur. Elle ne ressemble pas à son père, mais à sa mère, heureusement ! En même temps qu'elle me laissait le soin de m'occuper de son enfant,

Louise m'a remis un paquet de lettres...

AUGUSTIN. — Ah! ah! je vois ce que vous venez faire ici ; mais, ma chère enfant, cela a un nom : la loi qualifie de chantage.....

JUSTINE. — Soyez tranquille, monsieur, je n'insisterai pas. Je suis une ouvrière, je vis sagement et simplement en donnant sur mon travail tout ce que je peux donner pour faire bien élever ma nièce qui est en nourrice tout près de Paris, au petit Massy. Malheureusement pour moi, je suis sans ouvrage depuis cinq semaines et je me trouve à bout de ressources.

AUGUSTIN, *galamment*. — Vous êtes gentille !

JUSTINE. — Mais je veux rester honnête.

AUGUSTIN. — Vous avez tort.

JUSTINE, *se levant*. — Monsieur, vous êtes un polisson !

AUGUSTIN, *la calmant du geste*. — Voyons ! ne vous emportez pas, mon enfant ; vous vous méprenez sur le sens de mes paroles.

JUSTINE. — Pardonnez-moi, monsieur, je vous comprends parfaitement. Je suis désolée de me trouver aujourd'hui dans la triste nécessité de vous dire que, malheureusement, lorsque vous écriviez à ma sœur, vous vous compromettiez follement, et que je puis faire maintenant tel usage qu'il me plaira de votre correspondance; j'en ai l'autorisation de Louise. Vous êtes ambitieux et les élections approchent.....

AUGUSTIN. — Vous savez cela ?

JUSTINE. — Je suis renseignée sur votre compte, monsieur; mon oncle est curé à Toupard-en-Vexin...

AUGUSTIN. — C'est bien! c'est bien! mademoiselle; je n'ai pas besoin d'en savoir davantage. Combien voulez-vous me vendre mes lettres?

JUSTINE. — Je ne veux pas vous les vendre, je ne m'en dessaisirai jamais. Je laisse à votre appréciation la somme qu'il vous plaira de fixer comme secours pour votre enfant.

AUGUSTIN. — Mais, mes lettres?....

JUSTINE. — Je vous l'ai dit, on les ignorera.

AUGUSTIN. — Sapristi! cela peut devenir un morceau à répétition; ce sont les lettres de Damoclès! Si dans un mois il vous plaît de revenir me trouver.....

JUSTINE. — Oh! soyez sans crainte, monsieur; je suis une honnête fille et, si le Ciel est juste, il me fera trouver de l'ouvrage et vous ne me reverrez jamais.

AUGUSTIN. — Enfin, tranchons dans le vif! Combien voulez-vous?

JUSTINE. — Je vous l'ai dit, monsieur, pensez que c'est pour votre enfant.

AUGUSTIN. — Si avec deux cents francs...

Justine. — C'est beaucoup plus qu'il n'en faut : il y a de quoi payer six mois de nourrice.

Augustin. — Mais, pour vous ?

Justine. — Je me ferais un véritable scrupule de toucher à cet argent ; c'est pour la petite et rien que pour la petite que je suis venue ici. (*Augustin lui tend deux billets de cent francs et veut lui baiser la main qu'elle retire vivement.*) Merci bien, monsieur, merci pour elle ! (*Elle se lève.*) J'espère ne plus avoir besoin de vous rendre visite. Adieu ! (*Elle s'incline. Augustin se lève et la reconduit jusqu'à la porte du bureau.*)

Augustin, à part. — Elle est très gentille, cette petite-là ! Elle n'a pas été exigeante, mais c'est une petite dinde !

LA JEUNESSE DE RÉBECCA

PEINTURE RÉTROSPECTIVE

RÉBECCA, 32 ans.
ÉMILIE RONDEL, 24 ans.
MARGUERITE PRINCE, 23 ans.
PHILIBERTE AUGIARD, 20 ans.

Sept heures viennent de sonner et le lever du rideau est annoncé pour huit heures très précises. Il y a ce soir-là spectacle populaire à l'Opéra-Comique : on donne la *Dame blanche* et *Richard Cœur-de-Lion*. Elles sont seize choristes qui s'habillent dans la même loge ; il y a un petit clan formé par nos quatre personnages. Rébecca a déjà revêtu son costume, les autres viennent seulement de se déshabiller.

RÉBECCA. — Eh bien, mes petites chattes, vous arriverez à être prêtes à moins cinq.

MARGUERITE. — Qu'est-ce que ça fait, pourvu qu'on le soit !

ÉMILIE. — Toi, Rébecca, t'es jamais en retard.

Rébecca. — Parce que je tiens à faire convenablement mon service.

Philiberte. — Et surtout parce que tu commences à être dans les vieilles et que tu n'as plus beaucoup de soucis.

Rébecca. — Veux-tu te taire, petite masque !

Philiberte. — En tous cas, mon masque est plus recherché que le tien.

Marguerite. — Elle est rosse, Philiberte, mais elle a toujours le mot pour rire.

Rébecca. — Je lui souhaite de se conserver le masque aussi intact que le mien et surtout de savoir garder sa voix aussi pure que la mienne ; si je chante encore les premiers dessus, c'est que j'ai eu soin de ménager ma voix ; mais avec la vie que mène Philiberte, elle ne sera pas longue à se l'érailler ; et alors, adieu la place dans les chœurs du théâtre subventionné ! Si la plastique peut encore passer, on entre dans un théâtre de second ordre ; si on se décatit, on échoue dans un bouiboui et, si on s'éreinte complètement, on finit par crever de faim.

Émilie. — T'as donc pas rigolé dans ta jeunesse, toi, Rébecca ?

Rébecca. — Qu'appelles-tu rigoler ?

Émilie. — Je m'entends quand je dis ça ; t'as pas toujours été avec ton mari.

Rébecca. — Ça, j'en conviens ! Je me suis

mariée sur le tard, mais je n'ai pas été comme vous, j'ai toujours été fidèle à mes amants.

PHILIBERTE. — Eh bien et nous?

ÉMILIE. — Pour qui nous prends-tu ?

MARGUERITE. — J'aime bien mon mari.

RÉBECCA. — Et ça ne t'empêche pas de le tromper avec Auguste le machiniste et Touprou le garçon d'accessoires. Philiberte qui, soi-disant, aime son amant le beau Gaston, l'ouvrier peintre-décorateur, s'en va tous les soirs avec un autre type qui l'attend à la sortie ; je n'ai pas les yeux dans ma poche. Quant à Émilie, je lui ai toujours connu au moins trois amants à la fois. C'est du propre !!

ÉMILIE. — Alors, toi ??

RÉBECCA. — Moi j'ai eu des amants, ça c'est vrai, mais je leur ai toujours été fidèle. Je sais bien que ça ne m'a pas avancée à grand'chose, mais j'ai la conviction que j'ai été heureuse et que si c'était à recommencer je ferais exactement ce que j'ai déjà fait : je n'aurais jamais qu'un amant à la fois.

MARGUERITE. — Autre temps! autres mœurs!

RÉBECCA. — Celles d'aujourd'hui sont déplorables !

PHILIBERTE. — Tu me fais rigoler quand je t'entends gémir sur notre conduite. Je ne suis pas plus maline qu'une autre, mais je prétends qu'on n'est ni meilleur, ni plus mauvais aujourd'hui qu'autrefois, et que quand nous aurons l'âge respectable de Rébecca, nous serons aussi tourtes qu'elle et que nous nous lamenterons sur la conduite de nos camarades.

ÉMILIE. — La jeunesse n'a qu'un temps !

MARGUERITE. — Et il faut savoir en profiter.

PHILIBERTE. — Autrement, ça ne serait pas la peine d'être jeune et belle; on peut toujours, quand on a passé l'âge, dire à ceux qui sont à côté de vous : « Moi, à votre place, je ne ferais pas ci, je ne ferais pas ça! » Allons donc! tout ça c'est de la pose.

RÉBECCA. — Ma petite Philiberte, tu dis des bêtises. Je ne sais pas si plus tard les femmes seront plus dévergondées qu'elles le sont maintenant, mais ce que je sais, c'est que vous avez des amants et que vous ne les aimez pas; vous allez avec eux pour trouver une distraction; vous avez beau la chercher, vous ne la trouvez jamais. Je vous plains bien sincèrement. Moi, j'ai eu trois amants dans ma vie; je n'en aurais peut-être jamais eu qu'un si le premier n'était pas mort au moment où il devait m'épouser. C'était un très beau garçon, que j'aimais de tout mon cœur.

ÉMILIE. — Pour sa galette!

Rébecca. — Non, pas pour sa galette : il n'avait pas le sou ; c'est la raison pour laquelle mes parents n'ont pas voulu lui accorder ma main. Comme je l'aimais follement, je me suis donnée à lui. Il s'est mis au travail avec acharnement ; il était placier en papeterie. Il voulait arriver à se faire une position qui lui permit de devenir mon mari. Il fit si bien qu'il fut pincé un beau matin par une fièvre typhoïde et il en mourut.

Marguerite. — Ç'a t'a fait de la peine ?

Rébecca. — Énormément !

Philiberte. — Alors, pourquoi as-tu pris un autre amant ?

Rébecca. — Est-ce que vous vous figurez que je n'ai pas été tout aussi belle fille que vous ? On me courtisait, il fallait voir ! Il y avait un an que je vivais sage ; je me pris d'amour un beau soir pour un ténor et il s'en aperçut. Je me donnai à lui, mais certes il ne méritait pas d'être aimé. Celui-là me lâcha après trois mois de félicité ; il avait assez de mes charmes, car une dame du meilleur monde lui faisait de l'œil. Les hommes me dégoûtaient et je pensais ne plus jamais aimer. Mais le cœur est faible, heureusement, car un jour je fis la rencontre d'Octave Marion ; il me fit la cour, une cour assidue, il alla même jusqu'à me proposer le mariage ; c'est ce qui me séduisit. Je le pris comme amant à l'essai pendant un an, il sut si bien s'y prendre qu'au bout de six mois je l'adorais. C'était un très honnête garçon ; il n'attendit pas la fin de l'année pour tenir sa parole. Il connaissait mon passé, il ne me fit aucun reproche. Il me conduisit devant M. le maire et depuis douze ans je suis madame Marion. Je n'ai qu'à me féliciter de ce que j'ai fait et, chose qui va vous étonner, je ne l'ai jamais trompé.

Marguerite. — Il n'est pas riche ton mari?

Rébecca. — Il gagne largement ce qu'il faut pour nous deux ; il a une très bonne place dans la confection.

Philiberte. — Alors, pourquoi es-tu encore au théâtre ?

Rébecca. — Ah! vous êtes de la jeune école, vous; vous ne comptez le théâtre que comme un moyen de se procurer des amants. C'est que moi j'y vois autre chose. Ça n'est pas pour les appointements que j'y gagne : cent vingt francs par mois, ça n'est pas le diable! Mais j'ai l'amour de l'art; j'éprouve lorsque je suis sur la scène une espèce de jouissance, un bien-être tout à fait particulier; je suis captivée par les planches. C'est une faiblesse, mais mon mari me la pardonne et, de plus, il a confiance en moi.

Émilie. — Il le peut!

MARGUERITE. — Est-elle dinde, cette pauvre Rébecca !!

PHILIBERTE. — C'est le vieux jeux ça, mes enfants ! Elle croit connaître la vie : ce qu'elle se fourre le doigt dans l'œil !!

Le dialogue est interrompu par un bruit de cloche et la voix du régisseur qui, dans l'escalier, crie : « En scène pour le un ! »

LE CAFARD

SCÈNE TRISTE

WILFRID TOUREL, employé de commerce, 32 ans.
GEORGETTE RAMIN, couturière, 23 ans.
JEAN FÉROL, employé de commerce, 36 ans.

Un beau matin, Jean avait rencontré Georgette; quinze jours après, il était son amant. Georgette était la perfection même; c'était une petite femme douce, gentille, aimante; Jean était au comble du bonheur, et, comme tous les gens heureux, il allait chanter son bonheur un peu partout; il avait même eu l'imprudence de présenter sa nouvelle conquête à quelques-uns de ses amis et, un soir, il avait invité à dîner son ami Wilfrid, employé dans la même maison que lui. Georgette était une bonne petite ménagère; elle avait préparé un joli petit dîner. Jean était très fier d'elle. Le lendemain matin, quelle ne fut pas la surprise de Georgette en recevant la visite de Wilfrid !

GEORGETTE. — Comment, vous, monsieur !
WILFRID. — Je viens vous rendre ma visite de digestion.

Georgette. — En l'absence de Jean, cela me surprend. Je ne reçois jamais personne et je crains les racontars et les cancans ; si la concierge vous a vu monter chez moi on va jaser sur mon compte dans la maison...

Wilfrid, *sans y être invité, a pris une chaise et s'est assis.* — Vous craignez les potins ?

Georgette, *se remettant à son ouvrage.* — Beaucoup, monsieur. Ça n'est pas par excès de vertu, mais c'est parce que j'aime beaucoup mon ami et que je ne voudrais à aucun prix lui faire de la peine ; je ne voudrais pas qu'on se moque de lui.

Wilfrid. — Il en a de la veine, cet animal-là ! Du reste ce sont toujours ceux qui le méritent le moins qui sont des chançards.

Georgette. — Vous venez de dire quelque chose de très mal. Jean est votre ami, je crois ?

Wilfrid. — Oh ! ami !!!

Georgette. — Il vous a encore reçu hier à sa table.

Wilfrid. — Chez vous, pas chez lui.

Georgette. — Vous savez bien qu'il ne peut pas recevoir chez lui, puisqu'il habite avec sa mère qui est âgée et infirme.

Wilfrid. — C'est un excellent fils, je le sais ; il est regrettable, seulement, qu'il ne soit pas aussi fidèle amant.

GEORGETTE. — Il ne me trompe pas.

WILFRID. — C'est lui qui vous le dit.

GEORGETTE. — Et je le crois. Vous, monsieur, vous êtes méchant et je regrette de vous avoir reçu en l'absence de Jean.

WILFRID. — Tenez, ma pauvre enfant, vous me faites vraiment de la peine et je suis désolé de voir qu'une petite personne aussi gentille que vous n'a pas tout le bonheur qu'elle devrait avoir. (*Il approche sa chaise de celle de Georgette; celle-ci le regarde fixement.*)

GEORGETTE. — J'aime Jean de toute la force de mon cœur et vous venez ici commettre une mauvaise action en essayant d'empoisonner mon bonheur; si ce n'est pour votre ami, au moins faites-le pour moi : taisez-vous, monsieur !

WILFRID. — Écoutez-moi, Georgette ! (*Il veut lui prendre la main, elle le repousse.*) Je vous aime, moi.

GEORGETTE. — Je ne vous ai pas donné le droit de me le dire.

WILFRID. — Pourtant, je tiens à ne pas vous laisser dans l'erreur. Jean nous parle constamment de son bonheur; je vous aimais avant de vous connaître; je vous plaignais également, car je connais depuis longtemps la situation de votre ami.

GEORGETTE. — Quelle situation?

WILFRID. — Vous y venez de vous-même, vous le voyez, vous tenez à savoir...

GEORGETTE. — Aussi, pourquoi êtes-vous venu me trouver?

WILFRID. — Parce que je vous aime, je vous l'ai dit, et quand je pense que Jean vous trompe tous les jours, je suis outré, car il a une autre maitresse et depuis très longtemps; il a même un enfant.

GEORGETTE. — Taisez-vous, vous me faites du mal; vous auriez mieux fait de ne pas venir. Partez!

WILFRID. — Ma petite Georgette!

GEORGETTE. — Ah! partez, monsieur, je vous chasse! Si vous ne partez pas, j'appellerai. J'ai besoin d'être seule pour pleurer. Vous disiez m'aimer? Cela n'est pas vrai, vous m'avez fait bien du mal. Partez! (*Avec violence.*) Ah! partez!

Wilfrid s'aperçoit qu'il est allé trop loin; il voudrait atténuer l'effet de sa dénonciation, mais devant le regard de défi de Georgette, il baisse piteusement la tête et se retire sans un mot d'excuse. Restée seule, Georgette pleure à chaudes larmes; et lorsque Jean vint pour le déjeuner, après l'avoir embrassée comme à l'habitude, il s'aperçut qu'elle avait les yeux rougis par les larmes. Sans lui demander aucune explication, il comprit tout de suite qu'elle avait appris toute la vérité.

JEAN. — On t'a dit que j'avais une autre maîtresse? (*Georgette ne répond rien.*) On a dû te dire également que j'avais un enfant, tout cela est vrai. (*Georgette éclate en sanglots.*) Ma petite Georgette adorée, ne pleure pas; je n'aime que toi et mon fils. (*Il la prend dans ses bras et, tout en la câlinant, il lui fait cette confession.*) Oui, tout cela est l'exacte vérité; j'ai eu une autre maîtresse il y a six ans et j'ai un fils de quatre ans. Malheureusement, l'enfant n'est pas d'une forte constitution et c'est ma mère qui en a la garde. Quant à la malheureuse qui lui a donné le jour, elle est folle! Elle est maintenant enfermée dans un asile d'aliénés depuis un an et le mal empire de jour en jour, j'attends à chaque instant un dénouement fatal. Elle est devenue folle parce que je l'ai surprise un jour me trompant avec un de mes meilleurs amis, qui, de temps en temps, venait dîner chez nous. Depuis ce triste jour, tout l'amour que j'avais pour elle a disparu; je n'ai pourtant pas voulu l'abandonner : elle était sans famille et c'est grâce à moi qu'elle est soignée. J'aurais dû te mettre au courant de cela plus tôt, mais comme je ne croyais pas que tu apprendrais la vérité, je croyais inutile de te faire de la peine. J'ai pour toi dans le cœur le plus profond amour, et le chagrin que tu as dû éprouver me peine énormément. Maintenant que tu sais tout, veux-tu me pardonner ?

Georgette, *l'embrassant avec tendresse.* — Mon chéri, je t'aime de tout mon cœur; et si tu veux me faire un très grand plaisir, demain tu m'amèneras le petit pour que je l'embrasse; et, le jour où sa mère sera morte, tu lui permettras de m'appeler : maman ! Ce qui est ton bien est mon bien et je l'aimerai comme s'il était de moi.

Jean. — Tu es la plus gentille petite femme qu'il y ait au monde !

Georgette. — Et jamais plus tu ne feras venir dîner d'amis ici ?

Jean. — C'est ce sacré Wilfrid ! Je m'en doutais. Demain il aura de mes nouvelles.

Georgette. — Non mon ami, il n'en vaut pas la peine. Si tu veux être vengé, dis-lui seulement que je t'aime encore davantage depuis qu'il m'a appris l'horrible vérité.

LES INTRUS

SCÈNE CHAMPÊTRE

BENJAMIN LEMERCIER, 36 ans.
FAUSTINE LEMERCIER, sa femme, 28 ans.
SÉVERIN GORGEVAL, ami de Benjamin, 35 ans.
JULIETTE, amie de Séverin, 22 ans.

Ils s'aiment comme au premier jour. Par ce beau dimanche de mai, Benjamin et Faustine ont décidé d'aller passer la journée à la campagne, et c'est Ville-d'Avray qu'ils ont choisi comme but de pèlerinage. Ils sont partis de bon matin et, après trois bonnes heures de promenade, ils sont entrés dans un restaurant où, sous des tonnelles fleuries, les repas sont servis par petites tables de deux ou quatre personnes ; ils se proposent de bien manger, car ils ont un fort appétit. Ils viennent de commander un copieux repas, le garçon vient même de servir les hors-d'œuvre, radis et beurre, mets obligatoires du dimanche à la campagne, quand leur attention est attirée par un grand éclat de rire. Benjamin se retourne et voit que la tonnelle voisine est occupée par son ami Séverin Gorgeval, un vieux camarade, qui vient de s'y installer en compagnie d'une dame dans une toilette extravagante. Séverin écarte les branches et la conversation s'engage au travers du treillage.

Séverin. — Ah! ah! les cachottiers! On fait ses coups en dessous, sans prévenir les amis; on vient faire la noce à la campagne. (*Passant sa main.*) Tu vas bien, mon vieux Benjamin?

Benjamin. — Pas mal, je te remercie; et toi?

Séverin. — Comme tu le vois, en train de bien faire. Madame Lemercier se porte bien, d'après ce que je vois!

Faustine. — Je vous remercie, monsieur Gorgeval. (*Les Lemercier ont l'air visiblement gêné, Séverin ne manifeste aucun embarras.*)

Juliette. — Dis donc, mon coco, tu pourrais bien me présenter à tes amis; tu me laisses là comme une croûte derrière une malle.

Séverin. — En effet, tu as raison, ma douce colombe! Je te présente mon vieux camarade Lemercier et sa dame. Mes chers amis, je vous présente Juliette, une bonne copine des dimanches. (*Les Lemercier ne bronchent pas.*)

Juliette. — Dis donc, mon petit n'amour en chocolat, si ça n'embête pas monsieur et madame, on pourrait déjeuner tous les quatre ensemble.

Séverin. — Tu as toujours des idées géniales, toi. Je suis sûr qu'ils seront enchantés; n'est-ce pas, Benjamin?

BENJAMIN, *après avoir échangé un coup d'œil avec Faustine, qui fait la grimace.* — Comme vous voudrez !

JULIETTE. — C'est ça, on pourra bien mieux rigoler ; plus on est de fous plus on rit. (*Ils exécutent leur transfert.*) D'ailleurs avec Séverin, nous ne nous gênons jamais. Nous avons tellement l'habitude d'être ensemble le dimanche, tous les deux comme deux âmes en peine, que ça nous changera. Vous devez être de mon avis, madame.

FAUSTINE, *avec un air pincé.* — Seule avec mon mari (*Elle appuie sur les mots mon mari.*), je ne m'ennuie jamais. (*Le couple Séverin-Juliette s'installe sans façon ; Séverin à côté de Faustine, Juliette à côté de Benjamin.*)

JULIETTE. — Nous non plus on ne s'ennuie jamais. Séverin est si rigolo ! Tu ne m'as jamais parlé de monsieur et madame.

SÉVERIN. — C'est un oubli, mais Benjamin est certainement un de mes meilleurs amis.

JULIETTE. — Alors, tu es impardonnable ; tu en as cependant eu le temps. Pensez donc, madame, que voilà quatre mois qu'on est ensemble : un petit bail, comme vous voyez !

SÉVERIN. — N'embête pas madame !

JULIETTE. — Et vous, madame ?

FAUSTINE. — Nous sommes mariés depuis huit ans.

JULIETTE. — Sapristi ! vous en avez une santé ! Je ne me vois pas m'habituant à la même bobine pendant un temps aussi long. Ah ! mince alors !

SÉVERIN. — Juliette, tu es une brave fille, mais je te recommanderai la tenue ; tu en manques parfois et c'est regrettable. Je ne voudrais pas que madame Lemercier fût froissée de ton langage !

FAUSTINE, *avec un sourire jaune*. — Croyez bien, monsieur Gorgeval, que je ne me trouve pas offensée.

JULIETTE. — En v'là des chichis !! Ous'qu'est mon protocole ? On s'croirait chez l'Président de la République. Ce qu'elles se tordront demain, ces demoiselles, quand je leur raconterai l'entrevue de Ville-d'Avray !

BENJAMIN, *qui cherche à détourner la conversation*. — Vous êtes dans le commerce ?

JULIETTE. — Oui, monsieur, j'ai cet honneur ; je suis seconde au rayon de modes, au magasin des *Six-Françaises*, boulevard des Batignolles. Une honnête fille doit toujours travailler dans ses moments perdus. Si vous nichez dans le quartier des Batignolles, madame, je ne saurais trop vous recommander la maison ; vous demanderez après moi, mademoiselle Juliette. Nous nous arrangerons pour le mieux et, si le sœur vous en dit, venez me voir en passant : nous taillerons une petite bavette.

BENJAMIN. — Vous avez commandé votre déjeuner ?

SÉVERIN. — Non, pas encore.

BENJAMIN. — Ça tombe à merveille, nous avons commandé le nôtre : vous le mangerez à notre place. Je viens de me rappeler subitement que nous sommes invités à déjeuner chez des amis à Noisy-le-Sec. (*Il fait un signe à sa femme qui se lève.*) Nous n'avons que le temps si nous ne voulons pas rater le train. Au revoir ! (*Il serre la main à Séverin et tous les deux se sauvent en laissant le couple ébahi.*)

JULIETTE. — Veux-tu que je te dise une bonne chose, mon coco ? Tes amis, c'est des sales poseurs !

ÉCHANGE DE SERMENTS

ÉTUDE DE BLEU

MÉDARD PITOU, ouvrier ciseleur, 24 ans.
GISELLE LEROUX, blanchisseuse, 17 ans.

Aux Buttes-Chaumont, sept heures du soir, en automne, à la tombée du jour ; un banc loin des regards jaloux. Médard et Giselle sont assis côte à côte et la main dans la main.

MÉDARD. — Oui, ma Giselle bien-aimée, oui, ma douce fiancée, je suis à vous jusqu'à la mort.

GISELLE. — Et je vous jure, moi, que je n'appartiendrai jamais à d'autres qu'à vous.

MÉDARD. — Car ce que je ressens en moi, c'est l'amour le plus pur ; jamais mon cœur n'a battu comme il bat depuis que je vous connais.

GISELLE. — Ce qui prouve que nous avons

été créés l'un pour l'autre, car mon cœur est absolument comme le vôtre. Tenez. (*Elle lui fait sentir les battements de son cœur.*)

Médard. — Laissez-moi encore prendre un baiser sur vos lèvres roses. (*Long, très long et suave baiser.*)

Giselle. — Comme vous parlez bien, monsieur Médard. Vous avez appris beaucoup ?

Médard. — Non, mais j'ai lu pas mal de romans.

Giselle. — Ça vous a profité.

Médard. — Oui. J'ai lu les œuvres complètes d'Émile Richebourg, d'Alexis Bouvier, de Pierre Sales, de Jules Mary, etc., etc.

Giselle. — Vous connaissez les bons auteurs.

Médard. — Sur le bout du doigt.

Giselle. — Vous avez eu de la chance de pouvoir vous instruire comme ça. Moi, je n'ai pas pu ; ce que je pense et ce que je ressens me vient naturellement.

Médard. — Aussi j'en suis très flatté.

Giselle. — Quand viendrez-vous chez mes parents pour leur demander ma main ?

Médard. — Au plus tard, samedi prochain ; j'attends la réponse des miens auxquels j'ai écrit pour qu'ils m'envoient leur consentement. Mes parents sont à Limoges ; voilà trois jours que je leur ai envoyé ma lettre, mais vous savez, les vieux c'est pas comme les jeunes, c'est jamais pressé de répondre. Et vous, mademoiselle Giselle, avez-vous dit à vos parents que nous nous aimions éperdument?

Giselle. — Je l'ai dit à ma grande sœur Adèle, mais je n'ai pas encore osé en parler à mes parents.

Médard. — Pourquoi?

Giselle. — Parce que papa est très brusque; il faut le prendre dans ses bons moments, quand il n'a pas trop bu. Il est têtu et on ne le fait jamais revenir sur ce qu'il a dit une fois; s'il me refusait, il n'y faudrait plus penser.

Médard. — Alors, j'en mourrais!

Giselle. — Et moi aussi.

Médard. — Parce que voyez-vous, ma petite Giselle, je vous aime comme un fou, à en perdre la raison. Si vos parents n'étaient pas consentants, il y aurait un cataclysme.

Giselle. — Comme vous parlez bien!

Médard. — Tous les gens qui aiment dans les romans de M. Émile Richebourg parlent comme ça.

Giselle. — Quel malheur que je ne les aie pas lus! Je parlerais aussi bien que vous. Vous qui avez de l'instruction, qu'est-ce qu'il se passe dans les romans quand les parents refusent leur consentement?

MÉDARD. — Ça dépend des auteurs. Il y en a qui font se suicider les amants, le plus souvent ensemble, quelquefois séparément ; d'autres font enlever la jeune fille par le jeune homme ou le jeune homme par la jeune fille.

GISELLE. — Ça arrive, ça ?

MÉDARD. — Très souvent dans les romans ; et presque toujours ils sont heureux.

GISELLE. — Alors, que ferons-nous, si par hasard nos parents refusaient ?

MÉDARD. — Nous choisirions un moyen de roman.

GISELLE. — J'aimerais mieux le dernier que le suicide.

MÉDARD. — Moi aussi ; le suicide n'a rien de bien folichon. Aussi, faisons un serment.

GISELLE. — Je le veux bien.

MÉDARD. — Je jure que, si vos parents me refusent votre main, je vous enlèverai et nous irons vivre heureux ensemble.

GISELLE. — Et moi, je jure que si les vôtres ne veulent pas de moi, je vous enlèverai.

MÉDARD. — C'est juré ?

GISELLE. — C'est juré !

Et ils scellent le serment dans un long, très long et suave baiser.

ESCAPADE !

PEINTURE A LA COLLE

MARTIAL DAPLOMB, employé de commerce, 38 ans.
VIRGINIE DAPLOMB, son épouse, 27 ans.
RIVARD, riche commissionnaire, 50 ans.

Depuis longtemps déjà, Martial Daplomb est employé dans la grande maison de commission Rivard, Bourbet et Cie, et jamais il n'a manqué une fois à son service. Depuis huit ans déjà, il est l'heureux époux de Virginie et jamais il ne lui a fait la moindre infidélité. Devons-nous accuser le printemps qui, cette année, est particulièrement beau ? Toujours est-il que Martial est sur le point de tromper son épouse, et cela parce que un beau matin, en allant à son bureau, il a rencontré Clémentine, une petite modiste fort gentille et très provocante ; il s'est laissé provoquer, et elle n'a consenti à lui accorder ses faveurs qu'à la condition qu'il la mènerait pour deux jours à la campagne. Les deux jours ont été arrêtés, la petite fête aura lieu le lundi de la Pentecôte et le lendemain. Nous allons assister à la levée des plans de Martial. Les deux scènes se passent le samedi qui précède la fête.

SCÈNE PREMIÈRE

Cinq heures du soir, dans le bureau de Rivard.

Rivard. — Entrez, Daplomb, entrez. Qu'est-ce que vous avez à me dire ?

Martial. — Monsieur, voilà bien longtemps que je suis votre employé, et je crois que vous n'avez rien à me reprocher.

Rivard. — Pas la moindre des choses. Nous sommes on ne peut plus satisfaits de vos services et je crois que, de votre côté, vous n'avez pas à vous plaindre de nous. Vous n'avez pas, je présume, l'intention de solliciter une augmentation ? Vous avez eu une gratification de cent cinquante francs au 1er janvier dernier.

Martial. — Non, monsieur, non. Je viens tout simplement vous demander un tout petit congé.

Rivard. — Vous avez vos deux jours de fête, est-ce que cela ne suffit pas ?

Martial. — Je voudrais vous demander un jour en plus.

Rivard. — Ça n'entre pas dans les habitudes de la maison ; nous n'aimons pas beaucoup à encourager le farniente : c'est d'un mauvais exemple pour les autres.

Martial. — Monsieur, depuis que je suis chez vous, je n'ai jamais manqué une seule fois à mon travail, je ne me suis même jamais permis d'être malade.

Rivard. — Alors, pourquoi demandez-vous un congé?

Martial. — J'ai l'intention de faire faire à ma femme un petit voyage d'agrément. Voilà cinq ans qu'elle n'a vu sa mère qui habite Neufchâtel dans l'Aisne; nous voudrions y aller passer les fêtes et ne revenir que le 1er Jemain.

Rivard. — Soit! je vous accorde le congé à cause de l'intention. J'aime à voir s'entretenir les bonnes relations de famille; je ne saurais trop les encourager. Ne rentrez que mercredi matin.

Martial. — Merci, monsieur.

SCÈNE DEUXIÈME

Chez Martial. Il rentre chez lui avec le visage décomposé. Nous avons oublié de dire qu'autrefois, dans son jeune temps, Martial avait joué la comédie de société. Il trouve sa femme occupée à mettre le couvert.

Martial, *d'une voix sombre*. — Bonsoir, ma chérie! (*Il embrasse sa femme.*)

Virginie. — Bonsoir, mon petit homme! Ah çà! qu'est-ce que tu as? Tu as la figure à l'envers.

Martial. — Ah! si tu savais la tuile qui me tombe sur la tête!

Virginie. — Dis vite! Tu as des ennuis à ton bureau?

Martial. — Un embêtement considérable! Voilà ce que c'est que d'être un trop bon employé!

Virginie. — Il y a des envieux qui veulent te faire perdre ta place?

Martial. — Si ça n'était que ça, je m'en ficherais! Je suis assez retors pour défier toutes les astuces. C'est bien plus grave!

Virginie. — Dis vite! Tu me fais froid dans le dos!

Martial. — Je vais te dire tout d'un seul trait; ne m'interromps pas.

Virginie, *en s'asseyant*. — Je t'écoute avec anxiété.

Martial. — A la maison, il y a de bons et de mauvais clients.

Virginie. — Comme dans toutes les maisons de commerce; il y en a qui payent bien et d'autres qui sont plus durs à la détente.

Martial. — Tu as mis le doigt sur la plaie. Or, nous avons en province deux très mauvais clients qui financent difficilement; les patrons ont écrit bien des fois, mais cela ne les empêche pas de se faire tirer l'oreille : les traites reviennent presque toujours impayées. Il y a d'abord la maison Rodin d'Auxerre et la maison Papillon de Lyon ; l'une doit 843 francs, l'autre 516 francs. M. Rivard m'a fait appeler dans son bureau ce soir et m'a dit : « Daplomb, vous êtes un de nos meilleurs employés ! » Ce début m'a donné le trac, tu comprends.

Virginie. — Je te crois !

Martial. — « Alors, a-t-il continué, il faut que vous nous rendiez un grand service. Vous allez visiter deux de nos clients, les maisons Rodin d'Auxerre et Papillon de Lyon ; vous allez secouer les puces à ces gaillards-là ! Vous les informerez que nous leur fermerons leurs comptes s'ils ne se décident pas à nous payer plus régulièrement. »

Virginie. — Mais c'est bien, ça, au contraire. On te charge d'une mission de confiance et tu te plains !

Martial. — Oui, je suis de ton avis ; mais demain et lundi c'est la Pentecôte et je ne voulais pas te priver de ces jours de congé !

Virginie. — Comme tu es gentil ! (*Elle l'embrasse.*)

Martial. — J'en ai fait l'observation à M. Rivard qui m'a félicité sur mes sentiments conjugaux et qui a compris la chose à moitié, car il m'a dit : « Madame Daplomb ne doit pas supporter les inconvénients de vos occupations. »

VIRGINIE. — Il m'offre le voyage ? Tu m'emmènes avec toi ?

MARTIAL. — Non, il me donne un jour de congé au lieu de deux. Il faut que je parte lundi matin à Lyon ; mardi je ferai Auxerre et je reviendrai dans la nuit de mardi à mercredi à Paris, pour rentrer à mon bureau le mercredi matin.

VIRGINIE. — Ecoute, mon chéri, cela me fait beaucoup de peine de rester deux jours et surtout deux nuits sans toi ; mais il ne faut pas négliger tes affaires pour ton intérieur. Je comprends la peine que cela peut te faire, mais je suis plus raisonnable que toi ; ton avenir est en jeu, il ne faut rien faire qui puisse nuire à ta position. Du moment que c'est pour tes affaires, je ne vois aucun inconvénient à ce que tu t'absentes ; cependant, comme ils ont des voyageurs, ils auraient bien pu, ce me semble, les charger de ces commissions au lieu de les faire faire par un employé de l'intérieur.

MARTIAL. — Ils n'ont pas confiance dans les voyageurs.

VIRGINIE. — Alors, tu dois être fier et je suis bien contente.

Et voilà comment Martial a tout concilié et comment il a pu se convaincre de la supériorité morale et physique de Virginie, car la petite Clémentine l'a bien embêté pendant les deux jours passés à Bougival.

HEUREUX PÈRE!

MARINE

RABOULARD, vieux comédien, 63 ans.
THÉOPHILE SOUCHET, son ami, 60 ans.

Théophile Souchet est un honnête industriel; ses bureaux sont situés rue Saint-Maur : il est tout étonné de voir un matin Raboulard entrer dans son cabinet.

Théophile. — Toi?

Raboulard. — Avoue que tu ne m'attendais pas?

Théophile. — Pour sûr! Voilà bien six ans que je ne t'ai vu. Je n'entends plus jamais parler de toi. Assieds-toi? (*Raboulard s'assied.*) Tu n'es donc plus au théâtre?

Raboulard. — Non, mon ami, non, et ce n'est certes pas de ma faute; mais que veux-tu, dans mon malheureux métier, quand on vieillit, c'est une mauvaise affaire, surtout quand, comme moi, on a tenu, pendant trente années, l'emploi de jeune premier.

Théophile. — Il faut faire de la place aux jeunes.

Raboulard. — Evidemment, mais ce n'est pas sans un certain chagrin, parce que, vois-tu, le théâtre, quand ça vous tient, ça ne vous lâche pas. J'ai eu mon heure de succès; aujourd'hui c'est fini.

Théophile. — Alors, tu es toujours malheureux, mon pauvre vieux ?

Raboulard. — Oui et non. Oui, parce que, malgré mes nombreuses démarches, je ne peux plus jouer la comédie qu'en province ; de temps en temps, je me résous à faire partie d'une tournée, parce que l'envie des planches me talonne. Non, parce que je viens aujourd'hui m'acquitter d'une dette envers toi.

Théophile. — Comment cela ?

Raboulard. — Tu es un brave cœur; tu ne te souviens même plus qu'il y a six ans, un jour, en camarade, tu m'as prêté cent francs. Aujourd'hui, je viens te les rendre. (*Il sort de sa poche un billet de cent francs et le donne à Théophile.*)

Théophile. — Ça n'avait rien de pressé !

Raboulard. — Je te demande pardon ; cette dette me turlupinait, je l'avais sur la conscience.

Je ne voulais pas mourir sans te rendre ça.

Théophile. — Tu vas peut-être me trouver indiscret, mais je veux t'adresser une question.

Raboulard. — Vas-y !

Théophile. — Si tu ne fais rien, comment peux-tu avoir es moyens de me rendre ce que tu me dois?

Raboulard. — Te souviens-tu? disait un capitaine, dit la chanson ; moi, j'emploierai une autre formule pour te dire que tu oublies complètement que je suis père.

Théophile. — C'est vrai, j'oubliais. Ta petite Maria va bien ?

Raboulard. — Ma petite Maria est aujourd'hui une des premières dans le firmament des étoiles parisiennes.

Théophile. — Qu'est-ce que tu me chantes là?

Raboulard. — La vérité, la pure et l'exacte vérité. Quand j'ai perdu ma femme Clotilde, je suis resté avec Maria sur les bras ; je l'ai élevée du mieux que j'ai pu, faisant mon possible pour qu'elle ne manque de rien. Malheureusement, il arrivait que parfois ça n'allait pas tout seul ; mais Maria est une enfant qui a du cœur : sitôt qu'elle le put, elle se mit au travail. Elle avait, étant enfant, un joli petit filet de voix ; ce filet a pris de l'ampleur avec les ans et Maria Raboulard se nomme aujourd'hui Antoinette de Bagnolet.

Théophile. — Pas possible ! Antoinette de Bagnolet ! l'artiste de la Scala ! C'est ta fille ?

Raboulard. — Oui, mon vieux, et je peux dire que j'en suis fier. Du jour où elle a pu gagner sa vie, elle a songé à moi ; ce n'est pas une ingrate. Elle a aujourd'hui une très brillante situation : elle gagne six cents francs par mois à la Scala ; elle a un appartement un peu chouette, avenue de Villiers ; elle a bonne, domestique, femme de chambre, groom ; est-ce que je sais tout ce qu'elle n'a pas ? Elle m'a meublé un petit intérieur très chic rue d'Aboukir, dans le centre de Paris, à deux pas du boulevard. Elle me donne tout ce que je désire ; j'ai trois cents francs par mois qui me sont assurés, et de temps en temps, la table chez elle, quand son ami n'est pas là. Si, par hasard, je tombe mal et qu'il y soit, je mange à la cuisine avec les domestiques. Elle est avec le comte Tarpinskoff, un Russe, très galant homme. Je ne veux pas la gêner dans ses affections ; cet homme se conduit admirablement bien avec elle. Il n'y a qu'une chose qui me chiffonne, c'est qu'il veut la faire chanter en Russie.

Théophile. — Mais, la Russie, mon cher, aujourd'hui, c'est la consécration du talent.

RABOULARD. — Je ne te dis pas le contraire ; mais j'ai le trac, qu'une fois là-bas, elle ne pense plus autant à moi. Ici, je peux la relancer tous les quinze jours, ça va tout seul ; une fois loin de Paris, ce sera plus difficile. Mais je n'hésiterai pas ; si elle part, je m'arrangerai pour que ses appointements soient payables à Paris, et j'irai les toucher moi-même. Le comte et ma fille n'y verront aucun inconvénient.

THÉOPHILE. — Tu es un heureux père !

RABOULARD. — Tout ce qu'il y a de plus heureux !

THÉOPHILE. — Ça se voit, tu nages dans la joie.

LA FORTUNE DU POT

SCÈNE DE GENRE

FERDINAND PLUCHE, 45 ans.
LUCIE PLUCHE, 38 ans.
AUGUSTE BOULARD, ami de Pluche, 47 ans.
ROSALIE, bonne des Pluche, 20 ans.

Pluche est occupé, très occupé même ; il en est toujours ainsi quand il lit le cours de la Bourse. Lucie vient de rentrer, elle a passé son après-midi à faire des visites, elle change de toilette avant de se mettre à table. Rosalie a mis son couvert, elle attend des ordres ; au bout d'un quart d'heure, Lucie se décide à faire son entrée dans la salle à manger.

LUCIE. — Rosalie, quand vous voudrez ; nous vous attendons, ma fille.

ROSALIE. — Bien, madame ! (*Elle sort.*)

FERDINAND. — Ça n'est pas trop tôt ! Je commençais à la trouver mauvaise ; j'ai une faim de loup. (*Tirant sa montre.*) Sept heures vingt !

Est-il permis de dîner à des heures pareilles !!

Lucie. — Tu es vexé parce que cela te retarde pour ta partie de billard ! Sois tranquille, Bouquin et Périnel ne commenceront pas sans toi ; ils t'attendront, tu leur es indispensable !

Ferdinand. — Ça n'est pas tout à fait ça, ma bonne Lucie, c'est mon estomac qui me tiraille. Je te dis que ce soir, j'ai un appétit monstre.

Lucie. — Ça tombe mal, je n'ai pas eu le temps de te faire mijoter des petits plats ; nous avons le pot-au-feu et des haricots verts.

Ferdinand. — Je n'en pince pas positivement pour ce menu, mais j'ai tellement faim que cela va me paraître délicieux. Je m'en régale à l'avance.

Lucie. — C'est une chance, parce que Rosalie n'est pas tout à fait un cordon-bleu ; quand je ne suis pas là pour avoir l'œil à la cuisine, elle rate assez généralement ce qu'elle a à faire. Ah ! où est-il le temps où l'on trouvait de bonnes bonnes ?!

Ferdinand. — Ne gémis pas sur des temps préhistoriques et fais presser le dîner.

Lucie. — Faut-il que tu ayes le billard chevillé dans le corps ! Je suis sûre qu'au fond tu ne vois que ça !

Ferdinand. — Si ça peut te faire plaisir et si

ça doit nous avancer à quelque chose, soit! le billard me réclame! (*A ce moment on entend sonner.*) Qui est-ce qui s'amène à cette heure-ci?

Rosalie. — Monsieur, c'est m'sieu Boulard!

Ferdinand. — Ah! l'animal! Fallait lui dire que nous étions sortis.

Rosalie. — J' savais pas! J'ai dit que monsieur et madame étaient là!

Lucie. — Quelle buse! Vous avez eu une jolie idée!

Rosalie. — Est-ce que j' savais?

Ferdinand. — Alors, faites-le entrer!

Lucie. — En voilà un crampon!

Auguste. — Bonsoir, mes chers amis. Vous ne m'attendiez pas, hein?

Ferdinand. — J'avoue que...

Auguste. — Je passais dans le quartier. Je ne savais pas où aller dîner; j'ai pensé à vous. Je me suis dit : « Il y a longtemps que je n'ai dîné chez Ferdinand! Je vais leur faire une surprise en allant m'y inviter à la fortune du pot! » Je ne vous dérange pas, au moins? Vous allez bien, chère madame?

Lucie, *avec une petite moue*. — Comme vous voyez, monsieur Boulard, pas mal, je vous remercie.

Auguste. — Mais vous savez, sans cérémonies; il ne faut rien faire pour moi ou sans cela je m'en vais!

FERDINAND. — Mon vieux, tu tombes mal : nous avons le pot-au-feu.

AUGUSTE. — Je l'adore !

FERDINAND. — Alors, à table, hein ? Moi, j'ai un appétit d'enfer.

AUGUSTE. — Moi aussi ! (*Ils s'installent.*)

LUCIE. — Servez, Rosalie !

ROSALIE. — Bien, madame ! (*Elle apporte le potage.*)

AUGUSTE. — D'ailleurs, c'est un principe chez moi : quand je vais dîner en ville, je mange toujours bien, parce que cela m'arrive rarement de dîner chez des amis. Je suis garçon, je mange au restaurant, très mal généralement ; mais quand on est seul on mange toujours mal. Je me rattrape quand je dîne en ville.

FERDINAND. — Ton potage va être froid ! (*Ils mangent. Silence.*)

AUGUSTE. — Délicieux votre potage, chère madame ! J'y reviendrai volontiers. (*Il tend son assiette. Ferdinand le sert.*) Il n'y a que dans les ménages qu'on fait bien le pot-au-feu ; celui qu'on mange au restaurant est détestable ! Vous n'auriez pas par hasard un œuf, chère madame ?

LUCIE. — Si, monsieur ! (*Appelant.*) Rosalie !

ROSALIE. — Madame ?

Lucie. — Apportez un œuf pour monsieur Boulard ?

Rosalie. — Y en n'a plus, madame !

Lucie. — Comment, il n'y en a plus ?

Rosalie. — Je me suis servie du dernier pour la blanquette de c' midi !

Lucie. — Alors, allez en chercher un chez la fruitière d'en bas ! (*Elle donne trois sous à la bonne.*)

Auguste. — Prenez-le bien frais, n'est-ce pas, mon enfant ?

Rosalie. — Bien, monsieur ! (*Elle sort.*)

Auguste. — Vous n'avez pas idée, chère madame, de ce que c'est délicieux un œuf dans le bouillon ! Je vous demande pardon de ce petit dérangement ; mais, pour ma part, je trouve que le bouillon sans œuf c'est comme une jolie femme sans cheveux.

Ferdinand. — A propos de potage, tu as de drôles de comparaisons !

Au bout d'un instant, la bonne apporte l'œuf. Auguste le casse dans son potage et savoure sa petite cuisine. La conversation continue ; on sert le bœuf.

Auguste. — Voilà ! voilà ce qu'on peut appeler un joli morceau de bœuf ! Veux-tu avoir l'extrême obligeance de me passer la moutarde ?

Ferdinand. — Tiens, mon vieux ! (*Il lui passe le moutardier.*)

Auguste, *qui vient de humer.* — Qu'est-ce que c'est que cette moutarde-là?

Lucie. — C'est de la moutarde au vert-pré; elle est excellente.

Auguste. — Oh! je vous demande mille pardons, chère madame, mais je vais encore déranger votre bonne : je ne consomme que de la moutarde à l'estragon!

Lucie. — Nous n'en avons jamais!

Auguste. — Soyez donc assez aimable pour m'en envoyer chercher, s'il vous plaît? Parce que, pour ma part, voyez-vous, le bœuf sans moutarde à l'estragon, c'est comme.....

Ferdinand. — Ne cherche pas ta comparaison, tu vas nous en faire une idiote.

Auguste. — Non, j'allais dire quelque chose de très juste!

Ferdinand. — Pour changer tes habitudes!

Lucie s'est levée de table; elle est allée dans la cuisine pour envoyer Rosalie à la recherche d'un pot de moutarde à l'estragon. Le dîner suit son cours, Auguste raconte des histoires toutes plus stupides les unes que les autres; il en débite tout un chapelet. Les haricots ont eu l'honneur de son entière approbation, mais Lucie a eu la fâcheuse idée de corser son dîner avec une salade; quand Rosalie l'apporte, Ferdinand se met en mesure de l'assaisonner.

Auguste. — Pardon! mon vieux; avant de

commettre un sacrilège, tu serais bien gentil de me dire de quelle huile vous vous servez ?

Lucie. — Nous n'avons que de l'huile d'olive.

Auguste. — Oh ! madame, pouvez-vous employer une huile comme celle-là ? Elle laisse un goût détestable dans la bouche, je ne peux supporter que l'huile blanche. Voulez-vous avoir l'extrême bonté de m'en envoyer chercher par votre bonne, s'il vous plaît ?

Ferdinand. — Écoute, mon vieux, tu es un très gentil garçon, je ne dis pas le contraire ; seulement je vais me permettre de te donner un conseil.

Auguste. — Lequel ?

Ferdinand. — La prochaine fois que tu viendras ici t'inviter à dîner à la fortune du pot, tu me feras le plaisir d'apporter le pot avec toi ; parce que si tu comptes qu'on se dérangera comme cela pour toi toutes les cinq minutes, tu peux te fouiller ! Tu vas avaler l'huile d'olive ou tu nous regarderas manger la salade. Rosalie ne redescendra pas.

Lucie. — Cependant, mon ami.....

Ferdinand. — Il y a quatre étages et pas d'ascenseur à la maison. (*Ferdinand vient de terminer l'assaisonnement de la salade.*) En veux-tu ?

AUGUSTE. — Tout de même ! (*Il en prend largement, il en mange et il y retourne.*)

LUCIE. — Comment la trouvez-vous ?

AUGUSTE. — Délicieuse, chère madame. Je n'en ai jamais mangé d'aussi bonne.

REINE DE MADAGASCAR

TABLEAU DE RÊVE

GABRIEL LIZERON, dessinateur, 34 ans.
ANGÈLE, sa douce compagne, 25 ans.

Ils ont un intérieur très modeste, composé de deux pièces et d'une petite cuisine au cinquième étage, rue Fontaine. Depuis longtemps il fait grand jour et cependant nous sommes en novembre ; Gabriel et Angèle dorment côte à côte d'un profond sommeil. Lui se réveille brusquement, consulte sa montre en nickel posée sur ce qui lui sert de table de nuit, et, après une invocation à Cambronne, il donne un renfoncement à sa douce moitié, en criant :

GABRIEL. — Est-il permis de pioncer aussi longtemps que ça ! Angèle ! Sacré nom de D...! Angèle !!

ANGÈLE. — Oh ! que c'est bête ! Tu m'as réveillée au plus bel instant de mon rêve !

GABRIEL. — C'est ça dont je me fiche ! Sais-tu

l'heure qu'il est ? (*Il regarde à nouveau sa montre.*)

ANGÈLE. — Non !

GABRIEL. — Tiens, je me suis trompé ! Je croyais qu'il était dix heures et il n'en est que neuf !

ANGÈLE. — Et c'est pour me faire part de cette découverte que tu me voles une bonne tranche de félicité ?

GABRIEL. — Qu'est-ce que c'est que cette histoire-là ? Quand tu dors, toi, tu es au comble du bonheur. Et dire que je me suis colloqué sur les bras une femme, pour avoir le bon plaisir de la voir roupiller !

ANGÈLE. — C'est effrayant ce que tu es prosaïque ! Et tu es pourtant ce qu'on est convenu d'appeler un artiste ! Sais-tu bien que tu m'as troublée au moment où..... Veux-tu que je te raconte mon rêve ?

GABRIEL. — Si ça te fait plaisir, je veux bien, puisque je suis moins en retard que je ne le croyais. Si tu peux éprouver une joie intense à me débagouler ta petite affaire, je n'y vois pour ma part aucun inconvénient.

ANGÈLE. — Figure-toi, que dans mon rêve, j'étais reine de Madagascar !

GABRIEL. — Mazette ! Tu t'étais octroyé une chouette situation !

Angèle. — J'étais souveraine de l'île où je régnais en maîtresse absolue ; mais, par un effet bizarre, tous les hommes de mon royaume étaient noirs, tandis que les femmes avaient la peau blanche comme du satin.

Gabriel. — Ça devait ressembler à une exposition de noir et blanc, ton petit royaume !

Angèle. — Tout le monde me respectait et me craignait, j'avais une garde d'honneur imposante ; il y avait autour de ma personne toute une smala d'hommes vêtus de riches accoutrements.

Gabriel. — La mode était bien fantaisiste dans ton rêve, car à l'ordinaire, dans ces pays plutôt chauds, le costume le plus rupin est d'être à poil !

Angèle. — Les dames étaient dans leurs plus riches atours ; elles avaient toutes des robes à queue. Car il faut te dire que je donnais une grande soirée en l'honneur de la fête du 14 Juillet.

Gabriel. — En souvenir de la prise de la Bastille de Tananarive ou de Tamatave !

Angèle. — Probablement ! J'avais un magnifique palais avec de merveilleux salons ; celui dans lequel je me trouvais quand tu m'as défoncé une côte ressemblait à s'y méprendre au Salon des Glaces du palais de Versailles.

GABRIEL. — Voyez-vous ça !

ANGÈLE. — Il y avait trois orchestres : l'un conduit par Ganne, un autre par Massenet et le troisième par Georges Ohnet !

GABRIEL. — Mince ! Tu ne te mouches pas du pied !

ANGÈLE. — Ils jouaient alternativement des valses entraînantes et le tourbillon des danseurs faisait un effet étourdissant ; un buffet des plus somptueux était dressé.

GABRIEL. — Servi probablement par la meilleure maison de Tananarive ?

ANGÈLE. — Ne blague donc pas ! Les seigneurs de Madagascar me faisaient une cour brûlante ainsi que les ambassadeurs de toutes les nations.

GABRIEL. — Je t'attendais à ce demi-cercle-là. Et naturellement tu accordais tes faveurs...

ANGÈLE. — A personne ; car dans mon rêve j'étais vierge.

GABRIEL. — Ça se voyait ?

ANGÈLE. — On ne peut pas causer sérieusement une minute avec toi. Je te dis que j'étais au comble du bonheur !

GABRIEL. — Et je t'ai démoli ton trône ! Reine de Madagascar ! Tu vas me faire le plaisir de te lever et un peu rapidement ; tu jabotes et le temps passe ; il faut que tu me cires mes bottines et que tu allumes le feu pour faire mon café. J'ai des dessins à porter à l'*Amusant* avant midi, le photograveur vient les chercher à une heure et pour tantôt nous avons besoin de galette. Si au moins tu avais pu rapporter de ton rêve le trésor de Madagascar, je ne te dérangerais pas et je te laisserais repiquer au traversin; mais, ma petite Angèle, ça n'est pas ton rêve qui nous calera les joues, et comme il nous faut briffer, allons-y et dare-dare !

ANGÈLE. — Quelle désillusion !!

FILS DE FAMILLE

TABLEAU FINANCIER

ANTONY PERCIER, 20 ans.
STANISLAS BOUDIN, son ami, 24 ans.
OVIDE MARGOULET, homme d'affaires, 56 ans.

A la terrasse d'un grand café du boulevard. Antony est seul, assis à une table, et il manifeste une certaine impatience, lorsqu'il a la satisfaction d'apercevoir son ami Stanislas qui vient à lui.

ANTONY. — Tout seul?

STANISLAS. — Il va venir.

ANTONY. — Assieds-toi. Qu'est-ce que tu prends?

STANISLAS. — Je crève de soif : je prendrais volontiers un demi. (*Antony fait servir un demi à Stanislas.*)

ANTONY. — Qu'est-ce qu'il a dit?

STANISLAS. — C'est toute une affaire. Il s'est

fait tirer l'oreille; il trouvait que la garantie n'était pas suffisante.

Antony. — Comment, l'asthme et les rhumatismes de papa, ça n'est déjà pas assez ? Qu'est-ce qu'il demande ? Faut-il que je colle une femme à papa, qui le videra en cinq secs ? La chose serait bien difficile à réaliser, parce que je connais papa : il ne marcherait pas. Qu'est-ce que tu as fait de mon billet ?

Stanislas. — T'as pas besoin d'avoir la frousse, je l'ai gardé dans ma poche ; je ne suis pas assez melon pour le confier à Margoulet. C'est un brave homme, mais au fond, moi qui le connais, je puis affirmer que c'est une sale fripouille. Il a fait des chichis ; trois mois, renouvelable deux fois, avec dix pour cent chaque fois, voilà tout ce qu'il peut faire.

Antony. — Je ne trouve pas cela très exagéré.

Stanislas. — Seulement, pour le billet de cinq mille francs, il ne donnera que deux mille cinq cents ; il prétend qu'il a un tas de commissions à donner, qu'il a des intermédiaires qui ont besoin de vivre. Parce que ça n'est pas lui qui fera les avances ; c'est, paraît-il, un gros capitaliste qui trouve que la rente sur l'État ne rapporte pas assez. En fin de compte, d'après ce qu'il m'a dit, ce brave capitaliste ne touche que dix pour cent pour son argent avancé.

ANTONY. — Et moi, je ne touche que la moitié de la somme que je souscris ; voilà qui est clair. Mais je m'en fiche ; j'ai promis un beau billet de mille à Nini pour ce soir, je ne veux pour rien au monde manquer à ma parole.

STANISLAS. — Et tu sais que tu m'as promis cinq louis pour moi !

ANTONY. — Ce qui est convenu est convenu, tu les auras. Je n'ai pas pour habitude de mettre mes amis dedans. Avec tout ça, il nous fait poser, ton type ! Pourvu qu'il ne nous manque pas de parole !

STANISLAS. — Il m'a quitté pour aller chercher les fonds, il va arriver d'un instant à l'autre.

ANTONY. — Parce que, sans cela, je serais dans une fichue situation. J'ai pour tout potage une pièce de sept francs dans la poche et pas un rotin de plus.

STANISLAS. — Chut ! Pas de blague ! le v'là !

<small>Ovide Margoulet s'approche. C'est un gros homme de forte carrure, à l'aspect crasseux ; sa démarche est pesante, sa redingote reluit, et son chapeau haut de forme aux ailes éployées lui donne un air imposant. Le chapeau joue un grand rôle dans l'uniforme de Margoulet ; il ne le quitte jamais, son chef étant complètement dépourvu de poils. Après les présentations et un bock servi et absorbé par Ovide, ils en sont au chapitre des négociations.</small>

OVIDE. — Votre ami, M. Boudin, que j'ai l'honneur de connaître de longue date, m'avait fait un très grand éloge de vous ; il ne m'a pas trompé : vous avez l'apparence d'un jeune homme très bien.

Antony. — Je suis, vous l'ignorez peut-être, d'excellente famille.

Ovide. — J'ai pris mes renseignements ; je sais que monsieur votre père a de la fortune.

Antony. — Il est tout ce qu'il y a de plus calé, papa, mais il est très dur à la détente.

Ovide. — C'est que probablement vous avez abusé de sa bourse.

Antony. — Mais pas du tout ; papa est pingre tout bonnement. Je la connais la situation paternelle ; j'aurai cinquante mille livres de rentes au dévissage de billard, et vous savez, il est loin d'être en bronze. Je suis fils unique et si je dois cinquante mille francs sur la place de Paris, c'est tout le bout du monde.

Ovide. — Vous tenez probablement très mal vos écritures, ou bien vous n'êtes pas ferré en comptabilité. Je sais, moi, ce que vous devez.

Stanislas. — Pas possible !

Ovide. — A un centime près, oui. Monsieur Boudin, nous ne pouvons pas, nous autres hommes d'affaires, nous embarquer dans des opérations sans être exactement fixés. M. Antony Percier doit hériter de son père, qui, s'il ne fait pas de bêtises, ce qui me semble à peu près certain, étant donné son état maladif et ses habitudes économiques, lui laissera quarante-sept mille francs de rentes, en chiffres ronds. A l'heure qu'il est, M. Antony Percier doit à différentes personnes la somme de soixante-et-onze mille six cent quarante-sept francs, sans compter ce qu'il peut devoir en prêts de la main à la main à ses parents ou amis.

Antony, *vivement*. — Pour tout ce que je dois, il y a des billets en circulation.

Ovide. — Je veux bien vous croire. Cependant je dois vous prévenir d'un petit mécompte.

Antony. — Vous m'effrayez !

Ovide. — Oh ! rien de très grave !

Stanislas. — Vous n'avez pas encore les fonds ?

Ovide. — Si.

Antony. — Ah ! je respire.

Ovide. — Malheureusement, on sait un peu partout que vous ne faites pas un très bon usage de l'argent que vous avez entre les mains... quand vous en avez.

Antony. — Si j'ai besoin d'argent en ce moment, c'est pour mettre dans une grosse affaire industrielle.

Stanislas. — J'en ai dit deux mots à M. Margoulet.

Ovide. — Oui, je sais ; une affaire de corsets, je crois ?

Antony. — Parfaitement !

Ovide. — Malheureusement, on vous connaît plusieurs maîtresses. Vous devriez vous cacher un peu plus, quand vous voulez faire la fête.

Antony. — Enfin, où voulez-vous en venir ? La conclusion de votre petit boniment, s. v. p.

Ovide. — Voilà ! Le capitaliste qui fait l'affaire a de la méfiance ; il veut bien cependant prendre votre effet, dans les conditions de renouvellement qui ont été stipulées ; et cela, grâce à l'habileté des intermédiaires que j'ai employés pour la réalisation de l'opération ; ça a été dur et les frais ont été considérables ; si bien que, tous frais payés, je ne puis vous donner que deux mille francs pour votre effet de cinq mille. C'est à prendre ou à laisser, et je vous donne ma parole d'honneur qu'il ne me reste pas un rouge liard pour mes démarches personnelles ; c'est uniquement pour vous obliger.

Antony. — Le plus clair de tout cela, c'est que vous me ratiboisez cinq cents francs de plus.

Ovide. — Je ne ratiboise rien.

Antony. — J'accepte tout de même, parce que mon industriel ne peut pas attendre. Il compte sur ma commandite pour sa fabrication ; il a, en ce moment, des masses de commandes.

OVIDE, *sortant d'un vieux portefeuille deux billets de mille francs.* — Voici l'argent ! Vous avez l'effet ? (*Stanislas le lui remet.*) Tout est bien en règle ? (*Il le considère avec attention.*) Oui ! tout est bien. Vous pouvez vous vanter, jeune homme, d'avoir eu la chance de me rencontrer. Les affaires sont aujourd'hui d'un dur !!!

ANTONY. — A qui le dites-vous ? J'en sais quelque chose !

EXCELLENTE AFFAIRE !

TABLEAU DE PRIX

NESTOR BOULERAN, épicier retiré des affaires, 57 ans
SAVINIEN MICHEROL, son neveu, 20 ans.

Chez Nestor Bouleran, rue Amelot, pas très loin de la Bastille. Nestor vient de terminer sa toilette. Il est encore de bon matin, huit heures à peine. Il se dispose à sortir, lorsque Savinien est introduit dans sa chambre par la bonne Ursule, qui, depuis longtemps au service de l'ancien épicier, ne se gêne point avec lui ; elle entre dans sa chambre sans crier gare à n'importe quelle heure du jour et de la nuit. C'est une vieille servante qui croirait être désagréable à son maître si elle avait des usages avec lui.

SAVINIEN. — Ah ! ah ! mon oncle, je tombe à pic, hein ! Vous alliez sortir ?

NESTOR. — Comme tu le dis, mon neveu, et je suis sûr que, si je suis honoré de ta visite à une heure aussi indue pour toi, c'est que tu viens pour me demander de l'argent.

SAVINIEN. — Vous faites erreur, mon oncle ; je venais, en passant, pour prendre de vos nouvelles.

NESTOR. — Celle-là est forte, par exemple, car ça ne rentre pas tout à fait dans tes habitudes ! Eh bien, tu le vois, ça boulotte ; je me porte on ne peut mieux et je vais même profiter du temps superbe qu'il fait ce matin pour aller respirer l'air pur de la campagne, dans les environs de Saint-Mandé. Si le cœur t'en dit, tu profiteras de ma voiture : j'y vais à pied en me promenant et je reviendrai de même.

SAVINIEN. — Tout le temps à pied ?

NESTOR. — Tout le temps ! la marche est le meilleur des exercices que nous pouvons donner à notre corps. Ça t'effraie, toi, la marche ?

SAVINIEN. — Pas précisément ; seulement, comme je viens déjà de me payer une trotte : je suis venu à pied, de chez moi, rue des Ecoles.....

NESTOR. — Tu as bien fait ! Excellent pour la santé !

SAVINIEN. — Alors, je ne serais pas fâché de me reposer un petit instant chez vous, avant de me remettre à la promenade.

NESTOR. — Es-tu assez flemmard !!

SAVINIEN. — Et puis, je suis venu ici pour vous parler de quelque chose.

NESTOR. — Savinien, mon garçon, je flaire la carotte!

SAVINIEN. — Vous n'y êtes pas du tout, mon oncle. Je vais vous dire quelque chose qui va bien vous étonner; mais j'ai pris une grande résolution : je veux me ranger.

NESTOR. — Toi?!?

SAVINIEN. — Moi; je trouve que j'ai passé l'âge des folies.

NESTOR. — A vingt-six ans! cela me semble bien problématique.

SAVINIEN. — Et je veux m'établir.

NESTOR. — T'établir!! Ah! par exemple, en voilà une forte! Mais, mon pauvre ami, tu n'as jamais rien fait de tes dix doigts; voilà sept ou huit ans que tu fais censément des études pour arriver à barbouiller des toiles; cela m'a déjà coûté un argent fou et je n'ai jamais vu ce que ton pinceau pouvait produire.

SAVINIEN. — Je me suis aperçu que je n'avais aucun goût pour la peinture.

NESTOR. — Tu as mis le temps à t'en apercevoir.

SAVINIEN. — Oui, mon oncle, pour être un bon peintre, il faut avoir du génie; le talent ne suffit pas, il faut du génie. Du talent, j'en ai; mais le génie me fait complètement défaut.

NESTOR. — Soit! j'en conviens avec toi; je

vais même jusqu'à admettre ton talent sur ce que tu m'en dis, car je doute de son existence. Alors, tu veux t'établir ?

SAVINIEN. — Oui, mon oncle.

NESTOR. — Quoi ? Epicier ? Charcutier ? Restaurateur ?

SAVINIEN. — Non, mon oncle ; on me propose en ce moment une affaire épatante, mais je ne sais pas si vous allez tout de suite saisir les beaux côtés de l'opération.

NESTOR. — Ah ! ah ! ton affaire devient déjà une opération !

SAVINIEN. — Voilà ce que je craignais ! Vous allez me blaguer.

NESTOR. — Mais non, je serais enchanté de te voir dans les affaires ; mais je ne veux pas te laisser embarquer dans une mauvaise opération, comme tu dis, car je sais fort bien qu'il y a des spéculations louches qui ne sont que des affaires peu délicates.

SAVINIEN. — Voilà, mon oncle, vous avez des préjugés qui ne vous permettront pas de bien considérer les beaux côtés de l'affaire.

NESTOR. — Alors, il vaut mieux ne m'en rien dire.

SAVINIEN. — C'est que je suis en pourparlers et que j'ai promis une réponse pour ce soir.

NESTOR. — Mon neveu, avant de savoir ce

dont tu vas m'entretenir, je tiens à ce que tu saches que tu es héritier de la moitié de ce que je possède, puisque ma sœur aînée m'a, tout comme ta mère, gratifié d'un autre neveu ; vous aurez donc après ma mort, qui viendra, je l'espère, le plus tard possible, chacun la moitié de ma fortune. Vous aurez, j'en suis convaincu, de quoi ne pas trop vous ennuyer.

Savinien. — Oh ! mon oncle, pourquoi parlez-vous de votre mort ? Je n'en suis pas à la souhaiter !

Nestor. — Je l'espère fichtre bien ! Si je te parle de cela aujourd'hui, c'est afin de te renseigner sur ce qui t'attend dans l'avenir. Je ne veux pas que tu t'amuses, moi vivant, à gaspiller une fortune que j'ai eu tant de peine à amasser. Sois tranquille, je ne te déshériterai pas. Maintenant que te voilà fixé, je t'écoute. Tu peux tout me dire. J'ai la conviction que tu vas me proposer des choses monstrueuses ; cependant, je t'écouterai.

Savinien. — Mon oncle, vous savez que les affaires ne se font plus aujourd'hui comme autrefois.

Nestor. — C'est possible !

Savinien. — Le progrès en marchant a amené certaines complications qui ne permettent plus d'envisager les choses sous le même jour.

Nestor. — Ta ! ta ! ta ! En voilà un galimatias ! Je ne veux pas que tu tournes autour du pot pendant des heures ! Saint-Mandé m'attend ! Saint-Mandé me réclame ! Ne perdons pas notre temps.

Savinien. — J'ai un ami.....

Nestor. — Tu en as beaucoup, trop peut-être !

Savinien. — On n'a jamais trop d'amis ! Celui-là se nomme André Brimard. Pendant longtemps, il a été employé dans une grande fabrique de socles de pendules ; depuis six mois, il a quitté sa place pour se livrer à un genre de travail beaucoup plus lucratif et beaucoup moins éreintant. Sa petite affaire marche comme sur des roulettes ; seulement, il veut lui donner de l'extension, il veut faire de la publicité. Il n'a aucune relation qui lui permette d'espérer avoir l'argent nécessaire à la première mise de fonds. Je lui avais déjà parlé de vous à maintes reprises ; il m'a demandé à être son commanditaire. Nous partagerions les bénéfices qui seront considérables en rien de temps. Il faut dix mille francs pour lancer l'affaire et je viens vous les demander. Voilà !

Nestor. — C'est sublime !

Savinien. — N'est-ce pas ?

Nestor. — Oui, je te laisse jaboter. Tu baragouines de belles paroles, mais tu omets volontairement, j'en suis sûr, de me dire en quoi consiste cette brillante opération.

SAVINIEN. — Oh ! c'est simple comme tout ! Il s'agit tout simplement d'une agence de tuyaux.

NESTOR. — De tuyaux ? C'est une affaire de plomberie ?

SAVINIEN. — Non, mon oncle, ce sont des tuyaux de courses. La mode est aux courses, maintenant ; il y a tant de gogos qui se laissent prendre....,

NESTOR. — Halte là ! Tes explications me suffisent. Je sais à quoi m'en tenir. Je te défends de m'en dire davantage. Filons ! Saint-Mandé nous réclame et je suis sûr que la promenade te rafraîchira les idées : tu viens de me parler comme un fou.

SAVINIEN. — Mais, mon oncle, laissez-moi vous expliquer.....

NESTOR. — Allons ! Filons, te dis-je !

SAVINIEN. — Je veux bien, je vous accompagne ; mais quand nous rentrerons, vous me donnerez bien dix louis : je n'ai pas encore payé mon terme.

NESTOR. — Et tu comptais sur ta superbe affaire pour le solder ? Nigaud, va ! Allons, viens avec moi. Au retour, nous ferons un crochet et j'irai moi-même régler ton propriétaire.

SAVINIEN, *à part*. — C'est Sidonie qui en fera une bobine, quand elle me verra rentrer sans le sou à la maison ! C'est à recommencer la semaine prochaine.

LE LONG DES FORTIFS

PLEIN AIR

ALEXANDRE TOURON, 20 ans.
LOUISE CARDOIZE, 17 ans.

Dans le fossé qui longe les fortifications, un peu au-dessous de la porte de Saint-Ouen, Alexandre est étendu sur le ventre; il fait le lézard. Comme pendant la nuit il rôde aux alentours des Halles en quête de travail, il a donné congé de la chambre qu'il louait en garni, et pendant la belle saison, il goûte son repos sur l'herbe fraîche qui fait une ceinture de verdure à la capitale. Louise est assise dans l'herbe, elle cueille des fleurs sauvages et s'en fait un bouquet. Au mois de septembre, les jours commencent à être moins longs, nous sommes à la tombée du jour.

ALEXANDRE se réveille, relève la tête et aperçoit Louise. — Tiens! une môme!!

LOUISE, avec un sourire. — Ça vous épate?

ALEXANDRE. — Qu'est-ce que tu f'sais là?

LOUISE. — Oh! là là! c' que t'es familier! Tu

m' tutoies! Alors j'en fais autant; où qu'il y a d'la gêne y a pas d'plaisir! Tu l'vois, je m'fais un bouquet!

ALEXANDRE. — Et t'as choisi ma chambre à coucher pour faire tes p'tites singeries? Avoue donc qu' t'avais d'aut's intentions?

LOUISE. — Quelles intentions? Quoi? Qu'est-ce que t'as? J' te connais pas, j' sais pas seulement comment qu' tu t'appelles.

ALEXANDRE. — Alexandre, pour te servir, la gosse! Alexandre Touron. Et puis veux-tu que j' te dise° t'as une fiole qui me r'vient; faut que j' te bise. (*Il se lève, mais elle, du geste, lui fait signe de rester assis. Il s'assied.*)

LOUISE. — Attends un peu! J' dis pas non, mais i s'rait p't'êt' convenable de faire un peu connaissance.

ALEXANDRE. — Oh! là là! Tu fais des chichis!

LOUISE. — J'en fais pas, seulement, sans t' contredire, j' voudrais d'abord que tu m' fasses un peu la cour. J'aime pas les hommes qui sont brutals. J' te l' dis sans mistouffes, tu m' plais assez; seulement j' voudrais t' voir y mettre un peu de formes. J' m'appelle Louise, Louise Cardoize, j'ai dix-sept ans, toutes mes dents, pas d' corset et ça s' tient ferme. Dis-moi maint'nant comment qu' tu m'aimes?

ALEXANDRE. — Oh! mince alors! On s'croirait dans l' grand monde, chez madame la marquise Unetelle ou chez la vicomtesse de Chauffé-à-L'œil! Je regrette infiniment, mademoiselle, que mes gants soient restés chez l' teinturier, sans ça j' les aurais enfilés pour vous faire ma déclaration.

LOUISE. — T'es un chouette, toi! T'es un rigolo!

ALEXANDRE. — On l' dit; dans tous les cas, j' suis un type qui sait bougrement bien aimer quand i veut; et aujourd'hui j' veux, pac'que t'es gironde, t'as bien la gueule de la Parigote.

LOUISE. — Tu l'as dit, bouffi! J' suis née au boulevard Saint-Marcel, tout près du marché aux chevaux. Mon père était ouvrier tanneur et ma mère rempaillait des chaises. Le père est parti depuis longtemps pour l'autre monde; quant à maman? elle rempaille pour l'instant j' sais pas trop où.

ALEXANDRE. — En v'là tout un drame de famille! Mais qu'est-ce que tu fais d' ton temps?

LOUISE. — J'avais commencé à m' mettre chez les autres, j'étais en apprentissage chez une blanchisseuse de fin; c'est même en rapportant du linge chez des jeunes gens seuls qu'il m'est arrivé d' rester trop longtemps en route : les jeunes gens ça a toujours quéque chose à vous faire voir. J'y gagnais chaque fois une pièce de vingt sous; c'était même le seul argent d' poche que j' pouvais avoir. J'en étais arrivée à m' faire mes quatre à cinq francs par jour; mais la patronne a trouvé que j' perdais trop d' temps dehors : hier, elle m'a flanquée à la porte.

ALEXANDRE. — C'est pour ça qu' t'es v'nue rôder par ici?

LOUISE. — Un peu.

ALEXANDRE. — Et tu voudrais p't'être t'y trouver une situation?

LOUISE. — Si y a moyen?

ALEXANDRE. — T'es sans l' sou?

LOUISE. — Oh! non; j'ai fait des économies : j'ai vingt-sept francs d' côté.

ALEXANDRE. — T'as une dot superbe!

LOUISE. — Et ça s'ra pour celui qui saura m' faire proprement la cour.

ALEXANDRE. — Mais, ma cocotte en or, t'as qu'à parler! Alexandre est là pour un coup. C'est la Providence qui t'a mise sur mon chemin. J' te roucoulerai des romances en douceur avec accompagnement d' guitare et, pour commencer, j' vas faire un sacrifice pour toi. J' te vais prouver que j' vaux la peine d'être aimé. Comme j' travaille la nuit, j' vas flancher au turbin pour une fois; j'ai d' mon côté une petite économie d' trois francs dix sous : on va aller chez un bistro. On a d' quoi faire la fête à tout casser et pour ce soir on trouv'ra bien un garno pour abriter nos amours en attendant que j' te mette dans tes bois. Quant à c' qu'est d' l'amour, t'en veux? t'en d'mande? T'en auras ! Et tu verras qu' c'est pas du chiqué.

Louise. — Alexandre, j' te permets d' m'embrasser.

Alexandre. — Tiens, ma poule! tiens, mon trésor! (*Il l'embrasse à pleines lèvres.*) J' sais pas comment qu'ell's sont faites les Liane de Pougy et les Emilienne d'Alençon; mais je suis certain qu'ell's te vont pas à la cheville.

HURLUBERLUE

TABLEAU DE GENRE

ANASTASE TRUCHON, coutelier en gros, 40 ans.
SÉRAPHINE TRUCHON, son épouse, 31 ans.
ADÈLE, bonne des Truchon, 20 ans.

Vous connaissez certainement la maison Truchon ; il est donc inutile d'insister sur son importance. Depuis trois générations, la maison de la rue du Cloître-Saint-Merri est tenue par les Truchon ; fondée en 1819 par Hippolyte Truchon, alors tout jeune, elle passa entre les mains d'Agathon Truchon, fils aîné, en 1850, et depuis 1866, Anastase la dirige. Elle n'a jamais été en périclitant ; les affaires n'ont fait que croître et embellir, et, bien que jeune encore, Anastase pourrait largement vivre de ses rentes s'il le voulait ; mais il est travailleur, et son commerce, c'est sa vie. Rarement il prend une distraction, et Séraphine, son épouse, en souffre, car elle a pris l'habitude de ne jamais sortir sans son mari. Pour la première fois depuis leur mariage, ils vont faire un petit voyage d'agrément. Anastase s'est octroyé huit jours de congé ; il est vrai qu'il est merveilleusement secondé dans ses affaires par son premier commis, qu'il a eu l'intelligence d'intéresser dans sa maison. Il peut donc partir avec toute sécurité, sans craindre de voir sa maison souffrir de son absence; mais l'événement est tellement extraordinaire qu'il a eu le don de mettre tout sens dessus dessous dans l'intérieur des Truchon. Nous sommes dans la salle à manger, où madame Truchon, aidée par sa bonne, fait les derniers préparatifs pour le départ, fixé au soir même, à sept heures et demie, quand Anastase fait son entrée.

ANASTASE. — Eh bien, cela avance-t-il?

SÉRAPHINE. — Ne m'en parle pas, mon chéri, je ne sais plus où j'en ai la tête!

ANASTASE, *dans un sourire, avec l'esprit dont il est coutumier.* — Si je ne craignais pas de te vexer, ma chère Séraphine, je t'affirmerais qu'elle est toujours sur tes épaules, car j'ai la joie de l'y contempler.

SÉRAPHINE. — On peut dire que tu es bête !! Adèle !

ADÈLE. — Madame ?

SÉRAPHINE. — Où avez-vous fourré mes caoutchoucs?

ADÈLE. — Je les ai enveloppés dans un numéro du *Petit Journal* d'hier, parce que je crois que madame a dû déjà lire son feuilleton.

SÉRAPHINE. — Oui, ma fille, je l'ai lu.

ADÈLE. — Et je les ai posés sur la commode, dans votre chambre à coucher.

SÉRAPHINE. — Allez me les chercher !

ADÈLE. — Bien, madame !

ANASTASE. — Tu emportes tes caoutchoucs ?

SÉRAPHINE. — Tiens ! pour aller au bord de la mer, je ne tiens pas à avoir les pieds mouillés. Tu n'es pas raisonnable ; c'est comme cela qu'on attrape des rhumatismes !

ANASTASE. — Mais, ma chérie, nous n'avons que huit jours devant nous pour faire ce que nous avons à faire ; nous n'y moisirons pas, sur la plage !

SÉRAPHINE. — Moi, je tiens à tout voir, pour une fois que ça nous arrive !

ANASTASE. — Tout justement ! nous avons bien des endroits à visiter.

ADÈLE, *rapportant triomphalement un petit paquet*. — Madame, les v'là, vos caoutchoucs !!

SÉRAPHINE. — C'est bien, mettez-les dans la valise de monsieur !

ANASTASE. — En voilà une occasion ! Ça n'est pas la place de tes caoutchoucs !!

SÉRAPHINE. — Mais si ; je ne tiens pas à avoir à démantibuler ma malle chaque fois que j'en aurai besoin. Ils seront ainsi à portée de la main ; je te les demanderai : ce sera bien plus commode.

ANASTASE. — C'est adorable ! j'aurai l'air d'être ton valet de pied ! As-tu pensé à sortir du poivre ma couverture de voyage ?

Séraphine. — Ça, non ! Je l'ai complètement oubliée, ta couverture !

Anastase. — Sapristi ! On voit bien que tu n'as pas l'habitude de voyager. La couverture fait partie de l'uniforme du voyageur ; c'est même le seul luxe que se permettent les Anglais quand ils vont en balade : ils n'emportent pas de linge de corps, mais pour rien au monde ils ne s'embarqueraient sans couverture de voyage. Tiens ! je me parie une soirée à l'Eden de Trouville que tu n'as pas pensé non plus à ma casquette !

Séraphine. — Ça, c'est vrai, tu as raison.

Anastase. — J'ai toujours raison. J'ai gagné ; je me paierai ma soirée.

Séraphine. — Avec moi ?

Anastase. — Naturellement ! Qu'est-ce que tu emportes pour moi ?

Séraphine. — J'ai mis dans ta malle ton petit complet gris, ton veston de cheviote bleue et ton pardessus d'été.

Anastase. — Ça ne pouvait pas manquer ! Mais, malheureuse, mon pardessus d'été, j'ai l'intention de l'emporter sur mon dos.

Séraphine. — Tiens ! c'est vrai ; j'aurais dû y penser. J'ai également mis dans ta malle ton pantalon, ton gilet et ton habit noir.

Anastase. — Pour quoi faire ? grands Dieux !!

Séraphine. — Je ne sais pas, on peut en

avoir besoin quelquefois en route ; si nous sommes invités à aller dans le monde.

ANASTASE. — Ma petite Fifine, tu peux compter que cela ne nous arrivera pas, car si par hasard nous rencontrions des connaissances, je déclinerais toute invitation. Je ne prends pas un congé pour aller m'esquinter à passer une soirée quelque part, aussi attrayante qu'elle puisse être ; celles de l'hiver à Paris me suffisent. Tu m'as mis, j'espère, au moins quatre chemises, six paires de chaussettes, deux caleçons, une demi-douzaine de mouchoirs... ?

SÉRAPHINE. — Allons, bon ! j'ai oublié tes mouchoirs. Adèle ?

ADÈLE. — Madame ?

SÉRAPHINE. — Allez donc prendre dans l'armoire à monsieur six mouchoirs, des neufs, de ceux que j'ai marqués dernièrement avec des initiales entrelacées.

ANASTASE. — Tu seras toujours la même ! Si je n'y avais pas songé moi-même, j'en aurais été réduit à me moucher dans mes doigts, ce qui n'est reçu dans aucune société convenable. Tu sais que nous partons à sept heures moins cinq de la maison.

SÉRAPHINE. — Oui, mon ami.

ANASTASE. — Tu vas me faire le plaisir de

boucler rapidement nos malles; voilà six heures qui sonnent!

Séraphine. — Déjà?

Anastase. — Quand on est très occupé, on ne voit pas que le temps passe, et je n'ai pas envie de manger à la va-vite; rien n'est désagréable comme de se surcharger l'estomac par un repas trop précipité alors qu'on va se mettre en route.

Séraphine. — Ah! mon Dieu!

Anastase. — Quoi donc?

Séraphine. — Adèle?

Adèle. — Madame?

Séraphine. — Qu'est-ce que vous nous avez fait pour le dîner?

Adèle. — Mais rien, madame. Madame n'en a pas encore parlé.

Anastase. — Et si je n'y avais pas pensé, nous aurions la douce perspective de nous brosser le ventre, car nous aurions été prêts à la dernière minute. Hurluberlue! Allons, va t'habiller; nous dînerons au buffet de la gare.

Séraphine. — Bien, mon ami; seulement il va falloir que je défasse ma malle : j'ai emballé ma robe de voyage.

Anastase. — Ça! ça ne pouvait pas rater!!

LIQUIDATION

PEINTURE MORALE

LE COMTE JEAN DES ARMURES, 42 ans.
OLIVETTE DES BOIS, 30 ans.

Chez Olivette. Petit boudoir très élégant. Le comte vient de terminer sa toilette ; Olivette est encore au lit, dans un fouillis de dentelles.

OLIVETTE. — Alors, vous allez repartir dans vos terres et je ne vous reverrai pas avant l'automne, probablement ?

LE COMTE. — Pardonnez-moi, ma chère, vous me posez une question, juste au moment où j'allais vous faire part de mes projets.

OLIVETTE. — Excusez-moi, alors ; je ne savais pas...

LE COMTE. — Oh ! vous allez être très étonnée de ce que je vais vous dire ; mais enfin, j'ai bien réfléchi et je suis décidé à aller jusqu'au bout. Olivette, m'aimez-vous ?

OLIVETTE. — Vous en doutez ? C'est méchant de votre part.

LE COMTE. — Non ! je ne doute pas, j'ai la faiblesse de croire à votre amour; c'est pourquoi je veux vous épouser.

OLIVETTE, *se redressant d'un bond sur son lit.* — Hein ! m'épouser ?

LE COMTE, *avec beaucoup de calme.* — Vous le voyez, je vous étonne, n'est-ce pas ?

OLIVETTE. — Je m'attendais si peu...

LE COMTE. — A cet événement ? Tout arrive, ma chère, même les choses les plus improbables. Or, je n'ignore rien de votre passé. Je sais que vous avez mené une vie plutôt aventureuse. Je sais que vous vous appelez tout simplement Eugénie Maurel et point du tout Olivette des Bois. Je sais aussi que bien que vous n'accusiez que vingt-quatre ans, vous en avez trente...

OLIVETTE. — Pas encore; je les aurai en août prochain.

LE COMTE. — Le 18, je le sais; j'ai pû me procurer votre extrait de naissance. Oui, tout cela je le sais. Moi, je suis célibataire, sans famille et libre de mes actions. Par bonheur, vous êtes orpheline : je n'ai pas à craindre de complications de famille de votre côté. Tout-Paris vous connaît, mais il y a encore des coins de province qui vous ignorent et il importe beaucoup que votre réputation ne vous suive pas aux Armures, car c'est dans nos terres que nous séjournerons.

OLIVETTE. — Tout là-bas, là-bas ?

LE COMTE. — Tout là-bas, là-bas. Je veux faire de vous une femme du monde ; vous en avez l'étoffe. Je suis immensément riche, vous le savez ; vous aurez tout ce qui pourra vous être agréable. Vous me plaisez énormément et j'ai besoin de vous.

OLIVETTE. — Vous avez besoin de moi ?

LE COMTE. — Oui. J'ai de l'ambition, je suis riche et je ne fais rien ; je n'ai même jamais rien fait. Ce sont les titres que j'exhiberai pour obtenir ma nomination au siège de député de mon arrondissement ; ce siège, je le guette depuis longtemps. Célibataire, je n'arriverai jamais à rien. Marié, ce sera une tout autre affaire ; encore faut-il que je possède une jolie femme et vous êtes bien celle qu'il me faut. Je vous reconnaîtrai en dot quatre cent mille francs, qui vous seront acquis.

OLIVETTE. — Vous êtes véritablement grand seigneur.

LE COMTE. — Mais, en échange, j'ai des exigences.

OLIVETTE. — Parlez ! vos désirs sont des ordres.

LE COMTE. — Je ne veux laisser subsister quoi que ce soit du passé. Je veux que le jour où vous deviendrez, de par la loi, ma femme, il ne vous reste rien que les quatre cent mille francs constituant votre apport dotal.

OLIVETTE. — Alors, que faut-il faire de tout ce que je possède actuellement ?

LE COMTE. — Il faut procéder à une liquidation complète de tout votre matériel. Faites une vente à l'Hôtel. Olivette des Bois peut vendre ses meubles et ses bijoux. Mais j'exige qu'Eugénie Maurel ne garde rien de ce qui aura appartenu à Olivette des Bois. Le jour où vous deviendrez comtesse, pour fêter cet heureux avènement, vous ferez un don à l'Assistance publique. Les pauvres de Paris profiteront, pour une fois, de la bêtise des gogos.

OLIVETTE. — Oh ! n'en dites pas de mal ; sans ces gogos, peut-être ne m'auriez-vous jamais connue.

LE COMTE. — Peut-être ! En attendant, je vais faire publier nos bans aux Armures et je reviendrai à Paris dans quinze jours, pour vous aider dans votre liquidation. C'est convenu ?

OLIVETTE. — C'est convenu.

Le comte, *en l'embrassant.* — A bientôt, comtesse !

Olivette, *lui rendant son baiser.* — A bientôt, mon ami.

LES VISITES PARISIENNES

SCÈNE CHAMPÊTRE

DENIS LAMBOURDE, 54 ans.
HONORINE LAMBOURDE, sa femme, 50 ans.

Au Raincy, un samedi. Il est cinq heures du soir, le soleil est à son déclin, et Denis profite de l'occasion pour arroser avec ardeur des plants de salades et des carrés de légumes, lorsque Honorine descend au jardin. Elle tient deux lettres à la main.

HONORINE. — Tu ne sais pas ce qui nous arrive ?

DENIS. — Non.

HONORINE. — Les Mouchelon viennent nous voir demain.

DENIS. — Les Mouchelon ?

HONORINE. — Et ça n'est pas tout, on dirait qu'ils se sont donné le mot : les Hestrapades vont également nous honorer de leur visite.

DENIS. — Ils viendront tous ?

HONORINE. — Tous.

DENIS. — Ces gens-là sont sans pitié, ma parole d'honneur! On les invite à venir vous voir à la campagne pour ne pas passer pour des gens impolis et ils vous prennent au mot; ils rappliquent tous et ils déboulent chez vous un dimanche. Ils sont au moins six chez les Hestrapades?

HONORINE. — Ils sont sept en comptant la bonne.

DENIS. — Comment, ils ont le toupet de nous amener leur bonne!!

HONORINE. — Sous prétexte d'aider la nôtre; mais c'est une flemme cette fille-là : elle laissera Joséphine se débarbouiller de son ouvrage, au besoin même elle la gênera.

DENIS. — C'est dégoûtant! Quand on a une smala comme ça, on ne va pas chez les autres : Nous sommes allés dîner deux ou trois fois chez eux cet hiver, mais nous ne sommes que nous deux : c'est peu de dérangement; et nous leur avons dit : « Venez donc un jour nous surprendre, un dimanche de cet été, au Raincy? » Mais si ces gens-là avaient été un peu bien élevés, ils auraient dû comprendre que nous ne tenions pas du tout à les recevoir et que c'est tout bonnement par politesse que nous leur disions cela.

HONORINE. — Et c'est la veille qu'ils nous préviennent !

DENIS. — Oh! pour nous annoncer cette bonne nouvelle, ils n'avaient pas besoin de s'y prendre quinze jours à l'avance.

HONORINE. — On voit bien que ça n'est pas toi qui t'occupes des provisions ; avec ça qu'on n'a pas tout sous la main ici. Qu'est-ce que nous allons leur colloquer ?

DENIS. — Tu m'as dit que nous avions aussi les Mouchelon ?

HONORINE. — Oui, mais ceux-là ne sont que trois.

DENIS. — Ils vont nous amener leur grand dadais de fils ?

HONORINE. — Certainement Séraphin sera de la petite fête.

DENIS. — Je ne comprends pas la rage qu'ont ces gens-là de balader un pareil phénomène ; c'est le type le plus complet d'abruti.

HONORINE. — Avec tout ça, tu ne me donnes toujours pas un conseil ! Que veux-tu que je leur fasse manger ?

DENIS. — Ils ne viendront que pour dîner, au moins ?

HONORINE. — Espérons-le !

DENIS. — Je ne me vois pas avec ça sur le dos toute la sainte journée ; ce serait à devenir fou.

HONORINE. — Que dirais-tu d'un lapin?

DENIS. — Le lapin me semble assez indiqué, mais il t'en faudra au moins deux et deux fameux. J'ai remarqué que, quand ces gens-là viennent à la campagne, ils ont toujours un appétit à tout casser; chez eux ils mangent comme des oiseaux, mais chez les autres ils s'en empifrent à tire-larigot : il n'y en a jamais assez pour eux.

HONORINE. — Alors, je ferai deux gros lapins?

DENIS. — Avec une platée de pommes de terre à l'eau.

HONORINE. — En robe de chambre?

DENIS. — Oui, c'est plus champêtre.

HONORINE. — Pour commencer, je leur collerai une forte soupe aux choux.

DENIS. — Si seulement tu pouvais t'arranger pour leur fourrer une bonne indigestion, ça les guérirait peut-être de venir nous voir.

HONORINE. — Je ne suis pas méchante, mais si quelqu'un de la famille des Hestrapades pouvait se casser une patte d'ici à demain midi, je serais joliment contente.

DENIS. — Pendant qu'on y est, on pourrait en souhaiter autant au jeune Mouchelon. Voilà un gaillard qui me pue au nez; tu ne peux pas t'en faire une idée.

HONORINE. — Et dire que tous ces gens-là

se vantent d'avoir des amis à la campagne pour y aller passer leur journée de demain!

Denis. — C'est nous qui n'avons pas à nous vanter de les avoir comme amis!

Honorine. — Et demain, il faudra leur faire bonne figure, être aimables avec eux, avoir l'air d'être enchantés de les recevoir...

Denis. — C'est épatant ce que le monde est faux! Oh! la Société!! la Société!!!

IDYLLE

SCÈNE DE GENRE

JULES, grand brun, 30 ans.
HÉLÈNE, petite brune, 20 ans.

Chez les deux. Intérieur plutôt coquet ; on sent que la main d'une femme bien gentille et bien sérieuse préside à l'entretien de la maison, où tout respire l'amour et le bonheur complet. Aux murs, des tableaux encadrés ou non ; sur la cheminée, des bibelots et encore des bibelots ; dans la chambre, un mobilier en pitchepin : lit de milieu, armoire à glace, toilette ; sur les chaises, çà et là, et même un peu par terre, les vêtements d'Hélène et de Jules ; ils ont été retirés précipitamment la veille au soir, le désordre dans lequel ils reposent l'indique assez. Sept heures du matin. Le soleil filtre à travers les rideaux ; il vient, avec ses rayons indiscrets, réveiller nos amoureux qui reposent encore.

HÉLÈNE, *embrassant Jules dans le cou.* — Tu me n'aimes toujours, mon p'tit homme chéri ?

JULES. — Mais oui, ma p'tite femme, je

te n'aime. (*Il l'embrasse, elle lui rend son baiser.*)

Hélène. — Et puis, tu me n'aimeras toujours, toujours ?

Jules. — Mais oui, toujours, toujours. (*Regardant sa montre, qui est sur la table de nuit.*) Sapristi ! sept heures ! Il faut que je me lève.

Hélène. — Oh ! pas encore, mon petit n'homme ?

Jules. — Mais tu sais bien, ma p'tite chérie d'amour, que j'ai rendez-vous ce matin, à neuf heures et demie, à Montmartre, pour des dessins à faire pour un bouquin.

Hélène. — Tu n'as encore le temps, mon p'tit n'homme chéri, et puis tu m'as pas encore embrassée.

Jules. — Si, mais ça ne fait rien. (*Il l'embrasse de nouveau.*)

Hélène. — Oh ! mieux qu'ça ! (*Jules l'embrasse.*) De tout ton p'tit cœur ! (*Jules l'embrasse longuement sur les lèvres.*) Oh ! comme tu n'es gentil !

Jules. — Aussi, je vais me lever dare-dare ! (*Il veut mettre un pied hors du lit.*)

Hélène. — Oh ! pas encore ! Reste encore un peu avec ta p'tite femme ?

Jules. — Mon p'tit loup, je ne demanderais

pas mieux, mais je ne veux pas rater mon rendez-vous ; c'est une affaire qui peut avoir une certaine importance...

Hélène. — Te lève pas encore? Reste un tout petit peu avec moi? Tu prendras l'omnibus pour arriver à Montmartre.

Jules. — Le matin, au saut du lit, je n'aime pas beaucoup à user des omnibus, il fait bon marcher.

Hélène. — Eh bien! tu marcheras un peu plus vite. Reste encore un peu avec ta p'tite femme pour lui faire plaisir. Nous sommes rentrés tard hier au soir; tu ne dois pas t'être assez reposé.

Jules. — Mais si; je me sens très gaillard, ce matin.

Hélène. — Tant mieux!

Jules. — Allons! allons! pas de bêtises! ne me chatouille pas! C'est bête de me chatouiller comme ça! Voyons! voyons! ma p'tite Hélène, j't'en prie?

Hélène. — Oh! la grosse bête, qui n'aime pas qu'on le chatouille!

Jules. — Si, j'aime bien ça, mais il y a temps pour tout. Il y a des moments où ça ne m'est vraiment pas désagréable.

Hélène. — Alors, en ce moment, ça t'embête?

JULES. — J'te dis pas ça ! (*Il l'embrasse.*)

HÉLÈNE, *l'embrassant très fort.* — Oh ! qu't'es mignon !

JULES. — Oh ! là là ! oh ! là là ! V'là qu'tu recommences ! Oh ! non, là vrai, c'est pas gentil de me prendre comme ça, en traître.

HÉLÈNE. — Lève-toi, maintenant, je ne t'en empêche pas.

JULES. — Voilà que tu vas bouder !

HÉLÈNE. — Pas du tout ! Je ne boude pas.

JULES. — Ma p'tite Hélène, voyons, sois raisonnable ! J'te dis qu'j'ai affaire !

HÉLÈNE. — Mais, je ne t'empêche pas de te lever.

JULES. — Oui, je le sais bien, mais ça va te fâcher, et je ne veux pas me lever avant de me rabibocher avec toi.

HÉLÈNE. — Ah ! voilà, c'est toi qui me chatouilles, maintenant. Oh ! mon p'tit homme chéri, que je t'aime ! (*Elle l'embrasse.*) Embrasse-moi, toi ?

JULES, *l'embrassant.* — Ma p'tite femme adorée !

HÉLÈNE. — Tu veux te lever ?

JULES. — Non, pas encore, tout à l'heure.

HÉLÈNE. — Quand ça ?

JULES. — Tout à l'heure !

HÉLÈNE. — J'te vois venir, vilain !

IDYLLE

JULES. — A moins que tu ne veuilles pas ?

HÉLÈNE. — C'est méchant de me dire ça !

JULES. — Je le dis pour de rire.

HÉLÈNE. — Tu es un n'amour !

JULES. — Et toi, un petit n'ange !

HÉLÈNE. — Je t'aime de tout mon p'tit cœur chéri...

JULES. — Et moi, de tout mon grand cœur, de toute mon âme, de toute ma chair...

Les rideaux viennent de se refermer ; nous ne pouvons entendre la suite.

NANA

TABLEAU D'HISTOIRE

MAURICE LEBERGER, homme très respectable, 60 ans.
NANA, tenue très simple, mais très proprette, 60 ans.

Un des premiers beaux jours de printemps Le soleil, qui se décide à faire risette, a l'air d'inviter les Parisiens à la promenade. Maurice, qui vient de faire un excellent déjeuner, éprouve le besoin de faire sa digestion au grand air. Après avoir tendrement embrassé sa femme, il est monté sur l'impériale du premier tramway qui passait, et, trois quarts d'heure après, il se trouvait devant le parc de Saint-Ouen. Comme campagne, cela manquait un peu de pittoresque. Cependant, les arbres étaient d'un beau vert, et, dans les arbres, les oiseaux piaillaient et gazouillaient. Maurice se sentait un besoin d'expansion. Il se mit à sifflotter un air de sa jeunesse qui lui chantait dans la cervelle. Il y avait bien longtemps qu'il ne s'était senti aussi gai. Il longeait le parc, et, comme il venait de tourner en face de l'arrivée du chemin de fer, derrière les tribunes du champ de courses, il entendit un petit cri et il se retourna. Le cri était poussé par une petite vieille très simplement habillée, qui, assise le long du talus, tricotait une espèce de brassière.

NANA. — Oh ! pardonnez-moi, monsieur, je vous avais pris pour quelqu'un que j'ai connu dans le temps.

MAURICE. — Il n'y a pas de mal, ma brave femme.

NANA. — Mais non, mais si, je ne me trompe pas, vous êtes bien monsieur Maurice ?

MAURICE. — Hein !!

NANA, *en se levant avec difficulté*. — Maurice Leberger ?

MAURICE. — Vous me connaissez ? Mais restez donc assise !

NANA. — Si cela ne vous ennuie pas, je vais vous faire un bout de conduite ?

MAURICE. — Cela ne me gêne en rien ; si quelqu'un de ma connaissance me rencontre, on ne pourra pas supposer que je suis en bonne fortune !

NANA. — Oh ! aujourd'hui on ne le supposerait plus, mais dans le temps...

MAURICE. — Comment ? Est-ce que... ?

NANA. — Non, pas vous, monsieur Maurice, pas vous ; mais faut vraiment que je sois bien changée pour que vous ne me reconnaissiez pas.

MAURICE. — Attendez donc ! que je vous considère un peu... C'est curieux, ça ne me revient pas !

NANA. — Alors, lui non plus ne me reconnaîtrait pas si j'allais le voir ?

MAURICE. — Qui ça, lui ?

NANA. — Adolphe Pernin.

MAURICE. — Le Ministre de l'Instruction publique ?

NANA. — Lui-même ! Ah ! il a fait son chemin ! Il y a trente-sept ans, il était étudiant au Quartier Latin. Ça date d'avant la guerre ; on n'était pas en République, et moi j'étais sa Nana à lui tout seul.

MAURICE. — Nana ? la petite Nana ??

NANA. — Oui.

MAURICE. — Oh ! ma pauvre enfant, tu es bien changée !

NANA. — N'est-ce pas ? Seulement vous venez de me faire bien plaisir : vous venez de me tutoyer comme autrefois et ça m'a fait chaud au cœur ; il m'a semblé que c'était Adolphe qui me parlait et, pendant une seconde, vous m'avez redonné l'illusion de ma jeunesse. Vous êtes bon et je voudrais vous embrasser. (*Deux grosses larmes perlent dans ses yeux.*)

MAURICE. — Embrasse-moi, ma petite Nana, ça me fera plaisir ! (*Elle l'embrasse et il lui rend son baiser.*) Moi, je t'embrasse de tout mon cœur.

NANA. — Mon Dieu ! que je suis donc heureuse

aujourd'hui ! Presqu'autant que l'année dernière, au deux août !

MAURICE. — Que s'est-il donc passé à cette date ?

NANA. — J'ai fait le voyage de Paris, ce qui m'arrive rarement maintenant ; je ne bouge plus de mon trou. Je voulais voir Adolphe ; il devait aller présider la distribution des prix du Concours général à la Sorbonne. Je n'ai pas pu le voir quand il est entré ; j'étais allée du mauvais côté, du côté où les élèves et les parents entraient. J'avais vu beaucoup de monde ; alors moi je croyais que c'était par là qu'il allait venir ; et puis, pas du tout, je m'étais trompée. Alors j'ai attendu à la sortie ; là, je l'ai joliment bien vu quand il est monté dans son coupé. Il est encore joliment bien, mon Adolphe ! J'ai eu ce jour-là envie de crier à tous ceux qui étaient autour de moi : « Il m'a aimée, ce grand homme-là, autrefois, quand j'étais gentille ! Je l'ai eu tout à moi quand il n'était rien ! » Mais mon amour a été le plus fort et je me suis retenue. J'ai été pleurer dans une petite rue du Quartier Latin, une vieille petite rue qui existe encore à moitié, la rue Galande : c'est là où je l'avais rencontré pour la première fois.

MAURICE. — Ma pauvre Nana !

NANA. — Oh ! si vous saviez tout le bonheur

que vous me donnez aujourd'hui ! Vous ne pouvez pas vous en faire une idée !!

MAURICE. — A ce qu'il m'est permis de voir, tu ne dois pas être très heureuse ?

NANA. — Hein ? Qui pourrait me reconnaître aujourd'hui ? La petite Nana, le petit bijou, comme il m'appelait. Ah ! s'il fallait que je vous raconte tous mes malheurs, j'en aurais long à vous dire.

MAURICE. — Asseyons-nous tous les deux sur le bord de ce talus, comme de bons vieux camarades, et tu me conteras tes peines ! (*Il lui offre la main ; tous deux s'asseyent en tournant le dos à la route.*)

NANA. — Oh ! vous n'êtes pas fier, vous, vous êtes bon !

MAURICE. — Je ne suis pas bon, je suis curieux : je veux connaître ton histoire.

NANA. — Vous vous souvenez bien de la façon dont Adolphe m'a quittée ?

MAURICE. — Je n'ai pas les faits bien présents à la mémoire.

NANA. — Il y avait trois ans qu'on était ensemble. Je ne le trompais jamais parce que je l'aimais beaucoup ; je n'ai jamais aimé que lui : ceux que j'ai connus avant ne comptent pas ; ceux d'après... Enfin, voilà, il recevait de ses parents tous les mois trois cents francs ; avec ça, on était heureux, oh ! oui, qu'on était heureux ! Moi qui ne voulais pas le tromper; pour ne pas passer mes journées à rien faire, je m'étais mise à confectionner des garnitures de chapeaux et je gagnais encore mes trente à quarante sous par jour, et nous étions heureux comme tout. Pour la troisième fois, il me fit ses adieux pour deux mois, puisqu'il avait l'habitude d'aller embrasser ses parents pendant les vacances. Deux fois avant, il avait fait comme cela ; ça me faisait de la peine, mais je commençais à m'y faire. A peine arrivé chez ses parents, à Castelnaudary, il m'écrivit une lettre toute pleine de bonnes choses, une autre moins bonne huit jours après, et enfin une troisième très mauvaise qui était recommandée et dans laquelle il y avait un mandat-poste de cinq cents francs. Dans cette lettre, il me disait que c'était fini, que ses parents lui avaient signifié leurs volontés, qu'il fallait qu'il se mette sérieusement au travail, ce qui lui serait impossible tant qu'il m'aimerait, et que, à son retour à Paris, il irait se loger ailleurs. Je me disais : « C'est pour la frime ; il m'écrit ça, mais je sais bien qu'il m'aime. Sitôt qu'il reviendra à Paris, son premier soin sera d'accourir ici, pour me tomber dans les bras. » Je l'ai attendu longtemps, monsieur Maurice, et, pour lui prouver combien je l'aimais, je n'ai pas voulu courir après lui pour ne pas le gêner dans ses études. J'ai pleuré toutes les larmes de mon cœur et, quand j'ai vu que c'était bien fini, pour m'étourdir, je me suis mise à faire la noce, mais une noce carabinée ! J'y aurais laissé ma peau si, un beau matin, un brave garçon pour lequel je n'ai jamais eu d'amour, mais qui a toujours eu mon estime, si donc ce brave garçon ne m'avait tirée de là. Il connaissait tout mon passé, il savait que j'adorais encore Adolphe, mais il m'aimait à ce point qu'il voulait m'empêcher de mourir. Pour me conserver à lui, il me proposa donc le mariage et j'acceptai son offre parce que j'espérais faire une diversion. Je me disais : « Le mariage, c'est autre chose ; ça va peut-être me distraire. Et puis, j'aurai peut-être des enfants. » Je n'ai pas eu de chance ; j'étais stérile : l'abus de la noce probablement. Quant à mon pauvre Jacques, c'est ainsi que s'appelait mon mari, Jacques Fourchet, — je suis madame veuve Fourchet maintenant, — quant à lui, il n'eut pas de chance non plus. Il avait un tout petit peu d'argent, qu'il mit dans les affaires parce qu'il voulait me donner le bien-être, et sa confiance était mal placée ; son argent lui fut enlevé par un véritable chevalier d'industrie. Il en prit beaucoup de chagrin, il fit une maladie de langueur. Je le gardai bien des mois malade; ce qui nous restait y passa et depuis douze ans il repose au cimetière de Saint-Ouen. Je vais de temps en temps lui rendre une petite visite, car il n'y a que depuis qu'il n'est plus là que je me reproche de ne l'avoir jamais aimé.

MAURICE. — Mais de quoi vis-tu, ma pauvre Nana?

NANA. — J'ai su m'arranger une petite existence bien modeste. Il ne me plairait pas de devoir aux autres, à des étrangers ou au bureau de bienfaisance. J'ai une sœur, la cadette, Rosette; vous ne l'avez pas connue?

MAURICE. — Non.

NANA. — Elle s'est bien conduite, elle; elle s'est convenablement mariée; elle a des enfants et beaucoup de cœur. Son mari la rend très heureuse et ils sont à leur affaire. De temps en temps, elle me donne une pièce de vingt francs. Je ne suis pas ambitieuse; j'ai très peu de loyer: j'ai une chambre qui me coûte cent francs par an; j'ai pu conserver quelques meubles. Pour ma nourriture, il ne m'en faut pas beaucoup : je mange comme un oiseau. Et puis, avec cela, je fais des petits travaux qui me rapportent quelques sous par ci, par là. J'arrive à joindre les deux bouts; ça me suffit.

MAURICE. — Et jamais tu n'as rien demandé à Adolphe?

NANA. — Oh! ça, voyez-vous, jamais! D'abord, je ne voudrais pas qu'il connaisse ma situation ; et puis, je ne voudrais pas qu'il me rencontre un jour. Si, par hasard, il peut penser au passé au milieu de ses multiples occupations, s'il me revoit en rêve, je tiens à ce qu'il puisse toujours me supposer jolie. J'ai le culte du passé, monsieur Maurice ! Tenez ! (*Elle sort de son corsage une enveloppe très blanche qu'elle lui montre.*) Savez-vous ce qu'il y a là-dedans ?

MAURICE. — Non.

NANA. — Dans cette enveloppe blanche — je la change régulièrement tous les mois — se trouvent les trois dernières lettres d'Adolphe. Elle sont intactes comme le jour où je les ai reçues. Elles m'ont fait verser bien des larmes. Elles ont toujours été épargnées; je n'ai pas voulu les souiller. Elles ne me quittent jamais ; je les ai mises sur mon cœur, elles font partie de mon être. C'est un lien que j'ai mis là le jour où il m'a quittée; c'est une espèce de scellé qui, à tout jamais, a fermé mon cœur à un autre.

MAURICE. — Ma petite Nana, veux-tu être bien gentille?

NANA. — Parlez, monsieur Maurice.

MAURICE. — Je suis très content de t'avoir revue. Veux-tu me donner ton adresse ?

NANA. — Très volontiers. Je demeure 16 bis, rue Caroline.

MAURICE. — Veux-tu me permettre de venir, en ami, t'embrasser une fois par mois ?

NANA. — Vous êtes bon, que je vous dis ! Vous êtes le meilleur des hommes ! Vous me proposez ce qui peut me faire le plus plaisir.

MAURICE. — Ne dis pas de bêtises ! Je suis sûr que tu préférerais recevoir la visite d'Adolphe !

NANA. — Peut-être pas !

Et depuis cette rencontre, Maurice vient tous les mois, au moins une fois, rendre visite à sa vieille camarade. Régulièrement, après son départ, Nana trouve sur sa cheminée une enveloppe avec cette suscription : « A madame Nana, de la part d'Adolphe ! » A l'intérieur, il y a un billet de cent francs. A Saint-Ouen, les gens du quartier sont habitués aux visites de Maurice. Il a même attrapé, sans s'en douter, un surnom. On l'appelle : le vieux à Nana.

PITOU !

TABLEAU MILITAIRE

PITOU, soldat, 22 ans.
ANGÉLINA TRUQUET, bonne d'enfants, 20 ans.
LILY, petite fille, 7 ans.
TOTO, petit garçon, 5 ans.

Madame Cheminot a envoyé sa bonne promener les enfants au Luxembourg, parce qu'elle avait des visites à rendre. Elle lui a bien recommandé de se tenir continuellement vers l'entrée de la rue de Fleurus, parce qu'elle a l'intention de les venir prendre vers six heures et qu'elle ne veut pas se donner la peine de chercher. Ils sont partis vers trois heures, et depuis deux heures déjà les enfants jouent dans le même coin. Cela ne les amuse guère, ils voudraient changer de place. Angélina n'écoute que les ordres de sa maîtresse ; c'est une fille sérieuse, elle a apporté de l'ouvrage. Assise sur un banc, elle fait de petits raccommodages.

LILY. — Dis, Lina, allons jouer par là !
ANGÉLINA. — Vous savez bien que votre maman l'a défendu.

Lily. — Tu serais si gentille, si tu voulais !

Angélina. — Non !

Toto. — Ah ! Flûte ! Zut ! Crotte !

Angélina. — Voulez-vous bien vous taire ? Qu'est-ce qui vous a appris des vilains mots comme ça ?

Toto. — C'est les autres enfants qui s'amusent à les dire ; alors, moi j'peux bien faire comme eux !

Angélina. — Il ne faut pas imiter les mauvais exemples. Si votre papa vous entendait, il ne serait pas content. Tenez, voilà votre cerceau. Jouez avec mademoiselle et n'allez pas trop loin, pour que je puisse vous avoir tout le temps à l'œil !

Lily. — Joue avec nous !

Angélina. — Non, je travaille.

> Les enfants se mettent à courir. Depuis un instant Pitou faisait les cent pas derrière le banc. Il guettait le moment opportun pour entamer la conversation. Le moment est enfin arrivé.

Pitou. — Vous vous donnez du mal, mademoiselle !

Angélina. — Oh ! que vous m'avez fait peur !

Pitou. — C'est peut-être à cause de mon uniforme ; parce que moi, de mon aspect naturel, je suis pas terrible.

Angélina. — C'est parce que vous êtes venu en sournois par derrière.

Pitou. — C'est pour pas avoir l'air de vous parler devant vos petits bourgeois ; ils iraient le rapporter à leurs père et mère, et ça vous causerait peut-être du désagrément. Je voudrais pas qu'il vous arrive des ennuis à cause de moi. Alors, sans avoir l'air, je m'assieds sur le banc dans votre dos ; ça fait qu'on pourra se causer sans avoir l'air, et je vous compromettrai pas comme ça. Si toutefois vous le voulez bien.

Angélina. — Vous êtes vraiment aimable, monsieur...?

Pitou. — Pitou, mademoiselle, Pitou ! Et toutes les bonnes, elles me trouvent comme vous, bien aimable.

Angélina. — Vous avez l'habitude ?

Pitou. — J'ai eu, je l'ai plus. Parce que moi, je suis un homme fidèle ; quand je cause à une bonne, je cause jamais à une autre. Ainsi, pour le moment, c'est à vous que je cause. Pour tout l'or du monde, on me ferait pas parler à une autre bonne qu'à vous. Moi, je suis comme ça, c'est plus fort que moi : je peux pas parler à deux bonnes à la fois. Chacun sa nature, n'est-ce pas, mademoiselle... ?

Angélina. — Angélina !

Pitou. — Ah ! bén ! voilà un joli nom. J'ai jamais connu de bonne avec un nom aussi joli que celui-là. J'ai connu des Sophie, des Amélie, des Christine, et pis des autres noms, mais j'ai jamais connu des Angélina. Ca, c'est une vraie chance! D'où que vous êtes?

Angélina. — J'suis d'Eilly-sur-Seulles, dans l'Calvados.

Pitou. — Comme ça s'trouve! Moi, j'suis pas du tout d'par là! J'suis d'Mézières-en-Brenne, dans l'Indre. Hein! comme on s'rencontre!!

Angélina. — C'est comme ça!

Pitou. — Oui, c'est comme ça! On n'y pense pas et pis, v'lan! on se r'trouve quand on s'connait pas! C'est ce qu'on appelle les hasards de la vie!

Angélina. — Oh! vous avez de l'instruction, monsieur Pitou!

Pitou. — Vous êtes gentille, vous vous rappelez facilement mon prénom.

Angélina. — Il est pas bien difficile à retenir.

Pitou. — Faut tout d'même avoir de la mémoire! Quand on s'rappelle les noms propres, c'est de la mémoire du cœur ; ça prouve qu'on est sensible aux dires de celui qui vous parle.

Angélina. — Sapristi! comme vous allez vite! Vous êtes enjôleur!

Pitou. — Je le fais pas exprès, ça me vient

naturellement. C'est des choses qu'on a dans l'sang, vous savez, ces choses-là. Sans avoir l'air, venez donc un peu faire un bout de chèmin avec moi. Je vous chuchoterai des choses dans les oreilles qui vous émouveront, et pis, si vous avez une chambre en dehors de l'appartement, chez vos bourgeois, je pourrais aller vous y voir, pour vous en dire encore.

Angélina, subjuguée, oublie complètement qu'elle a deux enfants confiés à sa garde. Elle suit Pitou, qui l'emmène dans les allées discrètes du Luxembourg, et c'est seulement au bout d'une heure qu'elle revient au sentiment de la réalité. Brusquement, elle le quitte et retourne à l'endroit où jouaient Lily et Toto, qui s'étaient gardés tout seuls jusqu'à l'arrivée de leur mère. Quand Angélina rentra, la tête basse, chez ses patrons, ils la chassèrent honteusement sur l'heure. Pitou vint le lendemain à l'adresse qu'elle lui avait indiquée, mais pour apprendre que, par sa faute, elle avait été renvoyée ; ce renseignement lui fut donné par le concierge. Depuis, il n'a jamais eu de nouvelles d'Angélina, ce qui lui a permis d'entamer des conversations avec d'autres bonnes qui avaient des noms qu'il trouvait suaves.

JULES !

NATURE MORTE

NOÉMIE PLACETTE, jeune veuve, 26 ans.
HUBERT GIROUX, cousin de Noémie, 32 ans.

L'an dernier, le 15 juillet au matin (jour du terme), Jules Placette rendait sa belle âme au néant. Le 16 juillet, Noémie revêtait le costume de veuve, et, quinze mois après, elle ne l'avait pas encore quitté, puisque nous sommes au 16 octobre de l'an présent. Seule dans son salon, elle relit attentivement les lettres si pleines de douces choses que Jules lui écrivait alors qu'ils étaient fiancés. Elle se délecte à cette lecture ; de temps en temps, elle relève la tête et elle contemple Jules, dont le portrait peint à l'huile orne un des murs de son salon. Le peintre a bien rendu la physionomie réjouie du brave Placette, qui de son vivant était représentant d'une grosse maison de cognacs. Il était lui-même natif d'Angoulême, et tous les gens d'Angoulême ont naturellement le sourire aux lèvres quand ils font exécuter leur portrait à l'huile par des artistes peintres gourmands d'alcools. Ils mettent en pratique la loi du libre échange et cela leur boute la joie au cœur, comme disait un de mes aïeux. C'est à la suite d'un accident que Jules se vit dans la triste nécessité de se faire incinérer, oui c'est ainsi qu'il a terminé sa vie, après avoir été renversé par un camion de la Compagnie de l'Ouest, qui eut à payer une forte indemnité à Noémie. Jules ayant su mettre quelques sous de côté et madame Placette possédant une petite fortune, la Compagnie de l'Ouest en fut pour soixante-quinze mille francs de sa poche. C'est à ce taux que la personnalité de Jules Placette fut estimée. Avec le montant de son propre avoir, Noémie se trouvait à la tête de deux cent quarante-cinq mille six cent trente et un francs tout ronds, ce qui explique les assiduités de son cousin Hubert Giroux, qui n'aimait sa cousine pour le bon motif que depuis le jour où elle avait touché l'indemnité de la Compagnie. Ganté de frais, il venait la voir régulièrement tous les deux jours, vers les trois heures du soir. Les premières visites avaient été discrètes ; il était resté peu de temps auprès d'elle, causant de banalités : puis, petit à petit, il s'était enhardi et il avait décidé, en ce jour de 16 octobre, de démasquer complètement ses batteries et de proposer à sa cousine une union qu'il avait bien gagnée, et qu'il était à peu près sûr d'obtenir, puisque, seul comme homme, il était reçu depuis quinze mois chez Noémie. Or, il vient d'arriver et la bonne l'introduit au salon.

HUBERT, *avec un air guilleret qu'il n'a pas à l'ordinaire.* — Bonjour, ma cousine !

NOÉMIE, *qui vient d'essuyer ses pleurs et dont les yeux sont encore rouges.* — Bonjour, mon cousin !

HUBERT. — Toujours triste ?

NOÉMIE. — Comme vous voyez. Installez-vous dans ce fauteuil !

Hubert, *en s'asseyant.* — Ah! ce bon vieux fauteuil! Il commence à me connaître: quand je rentre dans ce salon, il me semble qu'il me tend les bras.

Noémie. — C'est un ingrat, car c'est là que s'asseyait mon pauvre mari.

Hubert. — Les fauteuils sont un peu comme les domestiques, qui s'habituent à changer de maîtres. On ne peut pas toujours pleurer les absents.

Noémie. — J'ai plus de cœur que cela, moi. Je le pleure encore tous les jours, mon pauvre mari.

Hubert. — Vous l'avez bien aimé?

Noémie. — Je lui ai donné tout mon cœur.

Hubert. — Il vous en reste encore un peu?

Noémie. — Plus du tout. C'est fini.

Hubert. — Ne dites pas cela, ma chère Noémie. Vous êtes jeune encore, vous êtes désirable, vous ne pouvez pas fermer éternellement votre cœur à l'amour. Vous vous remarierez.

Noémie, *avec force.* — Jamais!!

Hubert. — Il ne faut pas dire fontaine... Vous avez besoin de revenir à la santé; votre chagrin vous mine: il faut chasser les noirs fantômes et c'est un peu pour cela que je suis venu aujourd'hui.

Noémie. — Quelle profanation! Hubert, je

vous en prie, taisez-vous, ne dites pas un mot de plus !

Hubert. — Je vous offense, ma chère Noémie ?

Noémie. — Beaucoup !

Hubert. — Telle n'était cependant pas mon intention. Et si vous ne voulez pas que je parle de votre avenir, vous voudrez bien, j'espère, m'autoriser à vous parler du mien ?

Noémie. — Je n'y vois aucun inconvénient. Vous pouvez me mettre au courant de vos projets, si je ne m'y trouve point mêlée.

Hubert. — J'ai reçu aujourd'hui une lettre de mes parents.

Noémie. — A propos, ils vont bien, vos parents ? Mon oncle Albert ? Ma tante Gertrude ?

Hubert. — Ils vont on ne peut mieux. Savez-vous ce qu'ils m'écrivent ?

Noémie. — Je vous avoue que je ne m'en doute nullement.

Hubert. — Ils m'enjoignent de me marier.

Noémie. — Mariez-vous !

Hubert. — Encore faut-il que je trouve la compagne de mon choix ! Je ne veux pas épouser la première venue. Je veux une femme parfaite et je n'en connais qu'une au monde.

Noémie. — Taisez-vous !!

Hubert. — Vous m'avez deviné, Noémie ; je

n'en dirai pas davantage sur la personne en question. Mais ce que je suis forcé de vous dire, c'est qu'il y a une complication.

Noémie. — Voyons votre complication?

Hubert. — Celle que j'épouserai doit être une femme de dévouement. Elle peut, si elle le veut, faire de moi le plus fortuné des hommes; car, en ce moment, on m'offre une très belle affaire pour laquelle il faut absolument des capitaux, et je n'ai pas le sou.

Noémie. — De combien avez-vous besoin?

Hubert, *feignant de ne pas avoir entendu.* — On m'offre une représentation de cognacs.

Noémie, *avec un triste sourire.* — Comme Jules!

Hubert. — Exactement! C'est une maison d'Angoulême, qui fait sur la place de Paris des affaires colossales, qui m'offre cette représentation. Je peux gagner vingt mille francs par an; mais, comme il faut avant tout que je puisse être sérieux, on me met dans l'obligation de me marier et de déposer comme cautionnement cinquante mille francs sur la dot de ma femme, à cause des responsabilités. Ce sera un excellent placement : la maison donne cinq du cent et l'argent rapporte si peu, aujourd'hui, que c'est une véritable occasion.

Noémie. — En effet!

HUBERT. — La femme bonne, douce, intelligente sur laquelle j'ai jeté mon dévolu devrait comprendre tout ce qu'il y a de grand dans une telle action !

NOÉMIE, *avec un tout petit sourire beaucoup moins triste*, — Ce serait en effet une bonne œuvre qu'elle accomplirait.

HUBERT. — En échange, elle aurait droit à toute ma reconnaissance qui se traduirait par une tendresse et une attention de tous les instants. (*Avec un soupir.*) Ah ! si vous vouliez me comprendre !

NOÉMIE, *tout doucement*. — Taisez-vous !

HUBERT, *avec une passion extravagante*. — Eh bien, non, je ne me tairai pas, car je sens que vous m'avez compris, je sens que votre cœur répond à mon cœur, je sens que l'aveu est près de vous échapper et qu'il suffit d'un rien pour que vous me disiez : Oui ! (*Ce disant, il tombe à ses pieds.*)

NOÉMIE. — Que faites-vous là, Hubert ? Relevez-vous !

HUBERT. — Pas avant que d'un mot vous n'ayez assuré ou détruit mon bonheur !

NOÉMIE. — Relevez-vous, je vous en prie, et allez retourner le portrait de Jules ; sous son regard inquisiteur, tout aveu me serait impossible.

D'un bond, Hubert grimpe sur le canapé, décroche la peinture et la retourne face au mur, puis il revient.

Hubert. — Et maintenant ?

Noémie. — Je vous autorise à prendre le baiser des fiançailles. Dans huit jours, vous ferez publier nos bans.

NOS PAPAS !

SCÈNE ENFANTINE

TOTO, 7 ans.
NÉNÉ, 6 ans.

Dans le jardin du Luxembourg, trois heures du soir. Les mamans des jeunes Toto et Néné causent, tout en faisant, l'une du crochet, l'autre de la tapisserie. Elles surveillent du regard leurs moutards, qui jouent avec des seaux et des pelles à faire des pâtés avec du sable. Tous deux sont assis par terre.

Toto. — Tu vois, moi je fais bien des beaux pâtés !

Néné. — Vi !

Toto. — Toi, tu sais pas.

Néné. — Oh! si ! Tiens, tu vois ?

Toto, *flanquant un coup du manche de sa pelle dans la pâté*. — Il est pas solide, tiens !

Néné, *pleurnichant*. — Ah ! t'es pas gentil !

Toto. — Pleure pas, j' vais t'en faire un beau joli.

Néné. — J'aime mieux l' mien !

Toto. — Mais pis que je l'ai cassé, tu peux pus l'avoir.

Néné. — Z' vais en faire un aute !

Toto. — Tu sais pas.

Néné. — Si, papa m'a appris.

Toto. — Ton père ? i' fait donc des pâtés ?

Néné. — Oh ! non, mon papa, i' fait pleurer maman.

Toto. — Il est donc méchant, ton papa ?

Néné. — Quéque fois, quand maman veut pas faire c' qu'i' veut.

Toto. — Mon papa, à moi, il est toujours gentil.

Néné. — I' fait pas pleurer ta mère ?

Toto. — Jamais, jamais.

Néné. — Il est gentil alors ?

Toto. — Oh ! oui ! seul'ment, lui, i' pleure quéque fois.

Néné. — Tiens, pourquoi ?

Toto. — Pace que maman elle dépense beaucoup de l'argent.

Néné. — Pour t'ach'ter des belles affaires ?

Toto. — Non, elle achète rien ; seul'ment elle va chez le Bon Marché, chez le Louvre, chez le Printemps; elle flâne, elle reste longtemps chez les magasins. Alors elle rentre dîner tard ; papa il est rentré depuis longtemps, il est pas content, et alors quand maman rentre, papa ose rien lui dire, mais maman elle est de mauvaise humeur, elle dit des vilaines choses à papa ; alors il dit rien, il se retourne et pis il essuye ses yeux avec son mouchoir. Moi je le vois et pis je dis rien.

Néné. — Mon papa à moi, i' pleure jamais et pis il est avocat.

Toto. — Le mien d'papa, il est dans un ministère des Beaux-Arts ; il est sous-chef de bureau et pis il a une belle décoration violette ; et pis il écrit aussi : i' fait des belles fables qui sont en vers dans des journaux ; quand je serai grand, je ferai comme mon papa.

Néné. — Moi aussi, je serai avocat, mais je ferai pas pleurer maman pace que c'est très vilain.

Toto. — Oh ! moi non plus je f'rai pas pleurer maman, pace que on a les yeux rouges ; et comme maman elle a des beaux yeux, je veux pas lui faire vilains.

Néné. — Et pis c'est très méchant de faire pleurer sa mère.

Toto. — Moi, j' l'aime beaucoup ; et pis j'aime aussi beaucoup mon papa, pace que il a du chagrin de voir maman qui rentre tard de chez les magasins de nouveautés.

Néné. — Moi, quand je serai grand, je ferai tout ce que maman elle voudra pour pas la faire pleurer; et alors maman elle m'aimera beaucoup et elle me donnera des sucres d'orge.

Toto. — Tu fais joliment bien de parler de sucres d'orge : c'est l'heure de goûter; tu vas te lever et on va aller demander des sous à nos mamans pour aller en acheter à la marchande.

Néné. — Oui, Toto, je veux bien ; c'est une bonne idée.

Tous les deux se lèvent péniblement et, se donnant la main, ils se dirigent vers leurs mamans, qui se content leurs chagrins respectifs.

LES AMIS CONSOLATEURS

GRISAILLE

CÉLESTIN BARBEROL, veuf, 56 ans.
BAPTISTE MOUCHUT, autre veuf, 59 ans.
HENRI PATARD, homme marié, 60 ans.

Ils sont tous les trois en toilette de cérémonie, parce qu'ils viennent de conduire à sa dernière demeure madame Antonia Barberol, la femme de ce pauvre Célestin. Ils sont allés jusqu'au cimetière de Bagneux et ils sont revenus de Montrouge en tramway. Il est six heures, et les voilà tous trois installés à la terrasse du café d'Harcourt, boulevard Saint-Michel. De temps en temps, Célestin refoule sa douleur et ravale ses larmes pour ne pas paraître ridicule aux yeux des passants gouailleurs qui fréquentent cette partie du quartier. Ils en sont à leur troisième tournée d'apéritifs, la tournée du veuf.

HENRI. — Voyons, mon vieux Barberol, faut vous faire une raison !

BAPTISTE. — C'est pas de pleurer que ça la fera revenir.

CÉLESTIN. — C'est plus fort que moi, je ne puis m'empêcher de songer continuellement à ma pauvre Antonia.

BAPTISTE. — J'ai passé par là, mon pauvre ami.

CÉLESTIN. — Il me semble que je ne m'en consolerai jamais.

BAPTISTE. — Je te dis que je sais ce que c'est; à première vue il vous semble comme ça... mais à la longue on s'y fait vite. Ainsi, tiens! moi, regarde-moi bien, voilà cinq ans que ce malheur m'est arrivé; mes amis ont cru que j'allais succomber sous le poids de la douleur : huit jours après l'enterrement, les couleurs commençaient à me revenir; quinze jours après, j'étais gai comme un pinson.

CÉLESTIN. — Toi, tu avais tes enfants ; moi, je suis seul, tout seul maintenant.

BAPTISTE. — Raison de plus! C'est surtout pour mes enfants que j'ai gardé ma tristesse aussi longtemps; je ne voulais pas leur donner le mauvais exemple de l'insouciance hâtive. Toi, tu n'as de ménagements à garder avec personne. Qui donc te blâmera de chercher à t'étourdir? Ça rentre absolument dans la partie accessoire de la douleur.

HENRI. — M. Mouchut a raison ; à votre place, mon cher Barberol, je chasserais rapidement tous ces vilains papillons noirs.

BAPTISTE. — Tiens ! je ne te donne pas quarante-huit heures pour te sentir tout à fait un autre homme ; tu auras certainement quelque chose de moins sur la conscience, tu te trouveras plus léger.

HENRI. — Et vous pourrez dire : « Après moi la fin du monde ! »

CÉLESTIN. — Car il n'y a pas à dire, il ne me reste rien comme famille : je n'ai pas d'enfants : je n'ai ni frère ni sœur, ni neveu ni nièce.

BAPTISTE. — Et tu es encore dans le bel âge.

HENRI. — Oh ! là là ! Si j'étais à votre place ! je sais bien ce que je ferais.

CÉLESTIN. — Que feriez-vous, monsieur Patard ?

HENRI. — Vous avez de l'argent ! Le décès de cette pauvre madame Barberol...

CÉLESTIN. — Ne ravivez pas ma douleur !

HENRI. — Il faut cependant bien que je vous en parle pour vous dire que si mes calculs sont exacts, et je connais vos affaires comme ma poche puisque c'est moi qui les ai arrangées l'an dernier ; si donc je ne me trompe pas, et je ne crois pas me tromper, vous devez avoir à votre actif dix-huit bonnes mille livres de rentes.

BAPTISTE. — Heureux coquin !

HENRI. — Avec ça, on peut se retourner.

BAPTISTE. — Et dans tous les sens.

Henri. — Moi, malheureusement, je ne me trouve pas dans votre cas.

Célestin. — Madame Patard est une femme charmante.

Henri. — Elle n'en a que l'apparence, mais au fond elle ne vaut pas tripette. Ce qu'elle me fait enrager!! Ça n'est rien de le dire!

Baptiste. — Tu vois, mon vieux, M. Patard est un homme de bon sens et je l'approuve. Dégourdis-toi! Il faut que tu te dégourdisses! Tu as encore tes moyens?...

Célestin. — De temps en temps.

Baptiste. — Alors, pourquoi hésiter? Nous sommes là auprès de toi pour te guider et te consoler; tu ne peux pas rester dans une pareille situation.

Henri. — Tenez, je vais faire quelque chose pour vous être agréable; je vais envoyer une dépêche à ma femme pour lui annoncer que je ne rentrerai pas dîner ce soir à la maison.

Baptiste. — Voilà une excellente idée; tu vas nous payer un bon petit gueuleton!

Célestin. — Un jour pareil!!

Baptiste. — Il faut noyer tes chagrins, et je tiens à te voir en bonne santé. Nous allons, tous les trois, dîner au cabaret, seuls, comme il convient; et comme il est urgent de te distraire, nous te griserons.

CÉLESTIN, *se défendant.* — Oh! non, pas ça!

BAPTISTE. — Nous te griserons de musique, gros bênêt! Nous irons faire un petit tour aux Folies-Bergère!

CÉLESTIN. — Je n'y suis jamais allé.

HENRI. — C'est une excellente occasion pour faire la connaissance de cet établissement artistique.

BAPTISTE. — Tu verras, c'est absolument ce qu'il faut à ton genre de douleur.

CÉLESTIN, *levant les yeux au ciel.* — Ma pauvre Antonia!!

HENRI. — Voyons! voyons! n'y pensez pas tant que ça!

BAPTISTE. — Oui, parce que tout ce que nous faisons ou rien pour te consoler, ça serait kif-kif. Il faut réagir!

HENRI. — Vous êtes un homme, que diable!

BAPTISTE. — Avec tes airs pleurnicheurs, tu me fais l'effet d'une poule mouillée. Règle ta tournée, et filons! Nous allons marcher un peu, le grand air rafraîchira tes idées.

HENRI. — Le champagne les dégourdira.

BAPTISTE. — Et les Folies-Bergère compléteront notre œuvre.

CÉLESTIN. — Ce que j'en fais, c'est bien pour vous être agréable!

L'AIR INTELLIGENT

PORTRAIT

PAUL, photographe, 35 ans.
CASIMIR TANANT, jeune homme à marier, 28 ans et 5 mois.

Chez Paul. Plusieurs clients viennent de poser devant l'objectif. C'est au tour de Casimir; il gravit l'escalier qui mène à l'atelier, et, une fois en présence de l'artiste :

CASIMIR. — Monsieur, j'ai des reproches à vous faire.

PAUL. — A moi, monsieur ?

CASIMIR. — Parfaitement ! Vous ne me reconnaissez pas ?

PAUL. — Votre visage ne m'est certainement pas inconnu, mais ici je vois tant de personnes dans une journée qu'il m'est bien difficile de remettre...

CASIMIR. — Enfin, monsieur, vous devriez

me reconnaître; je suis venu poser ici, il y a une quinzaine de jours, pour une demi-douzaine de portraits à trois francs la demi-douzaine.

Paul. — C'est, en effet, le tarif des petits portraits-cartes ordinaires.

Casimir. — La qualité ne fait rien à la chose, le prix importe peu; quand on se mêle de faire du portrait, on le fait proprement ou pas.

Paul. — Pardon, monsieur, si c'est pour me raconter tout cela que vous êtes venu ici, je vous prierai de repasser à la nuit. J'ai du monde qui attend.

Casimir. — Je viens pour reposer.

Paul. — Dans ce cas, monsieur, je vais faire préparer un châssis...

Casimir. — Attendez un peu! Il ne faut pas recommencer la même blague que l'autre fois.

Paul. — Quelle blague?

Casimir. — Il s'agit aujourd'hui de me donner sur mon portrait l'air intelligent.

Paul. — Ce sera difficile.

Casimir. — Quand on se dit artiste, ainsi que vous l'affichez sur votre enseigne, ça ne doit pas être bien malin de faire un portrait avec l'air intelligent.

Paul. — Tous les sujets ne s'y prêtent pas.

Casimir. — Mais je m'y prête, moi, monsieur; je ne demande que ça! Je voudrais me marier, n'est-ce pas? Alors j'ai ébauché une idylle par l'intermédiaire des *Petites Affiches*.

Paul. — Et puis après?

Casimir. — J'ai demandé une jeune fille sage, autant que possible, dans les vingt à vingt-deux ans, avec une dot raisonnable. J'ai reçu une avalanche de lettres; c'est épatant ce que les *Petites Affiches* sont répandues en France! On m'a répondu d'un peu partout; j'ai reçu des lettres de Niort, de Lons-le-Saulnier, de Romorantin, de Granville; enfin j'en ai reçu au moins cent cinquante. J'ai choisi dans le tas les six lettres qui m'offraient les plus grosses dots. Comme je demandais à ce qu'on me communiquât des photographies, les pères prévoyants et les mères prudentes ont d'abord demandé un aperçu de ma tournure. J'ai donc expédié votre travail. Ah! monsieur, quelle déception!!

Paul. — On trouve mes photographies mauvaises?

Casimir. — J'ai reçu des lettres d'injures. Les uns disent que j'ai l'air d'une tourte, d'autres que j'ai une sale bobine, une jeune fille m'a même écrit de sa blanche main que j'avais la gueule d'un abruti : je cite son texte. Vous comprenez que c'est difficile à digérer et que si je veux tenter à nouveau l'épreuve, je veux la recommencer dans de meilleures conditions.

Paul. — Enfin, qu'est-ce que vous désirez?

Casimir. — Je veux que vous me refassiez une demi-douzaine de portraits, mais je veux que cette fois vous me donniez sur ma photographie un air très intelligent.

Paul. — A trois francs la demi-douzaine, ça n'est pas possible! Nous ne pouvons donner l'air intelligent qu'à partir de six francs.

Casimir. — C'est salé!

Paul. — Mais c'est comme ça; c'est à prendre ou à laisser.

Casimir. — C'est garanti, à six francs?

Paul. — Sur facture!

Casimir. — Vous ne pouvez pas me passer ça à un prix un peu inférieur?

Paul. — Jamais de la vie! et on paye d'avance.

Casimir, *allongeant ses six francs*. — C'est raide, mais enfin...

Il va s'installer dans le fauteuil et prend une pose un peu plus bête que celle qu'il avait quinze jours avant.

Paul. — Cette pose n'est pas trop mauvaise.

Casimir. — C'est une attitude que j'ai étudiée devant ma glace; comme ça, j'ai un air assez intelligent.

Paul. — Avec un petit chapeau, vous ressembleriez à Napoléon Ier.

Casimir. — Vous n'en avez pas un dans vos accessoires ?

Paul. — Non !

Casimir. — C'est dommage !

L'HEUREUX HASARD

SCÈNE IMPRÉVUE

Dans l'intérieur d'un grand café du boulevard. Une dame est assise devant une chartreuse à peine entamée ; elle témoigne d'une certaine impatience. A une table voisine de la sienne, se trouve un monsieur qui en est à son troisième bock, et qui, lui aussi, a l'air d'attendre quelqu'un qui ne vient pas. Il a parcouru, très distraitement d'ailleurs, tous les illustrés, qui sont restés devant lui. La dame est fort jolie ; elle paraît vingt-cinq ans à peine. Le monsieur, qui est très distingué et dont la boutonnière est ornée d'un ordre étranger quelconque, paraît tout au plus une trentaine d'années.

La dame. — Garçon !
Le garçon. — Madame ?
La dame. — Donnez-moi de quoi écrire !
Le garçon. — Voilà, madame.
Le Monsieur. — Garçon !
Le garçon. — Monsieur ?

LE MONSIEUR. — Vous me donnerez également de quoi écrire !

LE GARÇON. — Bien monsieur !

Le garçon les sert, et tous deux écrivent fiévreusement. Sans être graphologue, il est facile de constater qu'ils écrivent tous deux sous l'empire d'un vif mécontentement. Je ne suis pas expert en écritures, il ne m'a même pas été donné de voir ce qu'ils écrivaient, mais je puis vous garantir que tous deux adressaient des reproches à quelqu'un. Après avoir cacheté leur missive :

LA DAME et LE MONSIEUR, *ensemble*. — Garçon, un timbre ?

LE GARÇON. — Voilà ! Voilà !

Ils sont tous deux furieux, cela est indiscutable ; cependant, la similitude de leur état d'âme les rapproche un instant, car, tous deux ensemble, ils se mettent à sourire.

LE MONSIEUR. — Je suis sûr, madame, que vous êtes furieuse !

LA DAME. — Oh ! oui, monsieur ! Et vous avez, j'en suis certaine, autant de fureur que moi.

LE MONSIEUR. — En effet, madame, j'attendais quelqu'un...

LA DAME, *vivement*. — Moi aussi, monsieur ; une de mes amies ; nous devions aller ensemble choisir des étoffes au Louvre.

LE MONSIEUR, *non moins vivement*. — J'avais un de mes amis qui devait venir me retrouver ici à deux heures pour aller à l'Hippique; voilà trois heures un quart et je ne le vois pas.

La dame. — Il y a des gens qui aiment à faire attendre.

Le monsieur. — Faire attendre une femme est impardonnable.

La dame. — Oh ! de la part d'une amie ! ! !

Le monsieur. — En effet... Voilà toute ma journée gâtée. Je n'irai certainement pas à l'Hippique.

La dame. — Et seule, je n'irai pas au Louvre.

Le monsieur. — De nos infortunes communes nous pourrions peut-être faire quelque chose d'agréable !

La dame. — Vous allez probablement, monsieur, me dire une bêtise.

Le monsieur. — Point du tout, madame, je n'ai pas l'avantage de vous connaître et ne veux certes point savoir qui vous êtes. Mais, si vous le voulez bien, je vais vous faire une proposition honnête !

La dame. — Formulez-la toujours, nous verrons après.

Le monsieur. — Vous connaissez sans doute beaucoup de monde à Paris ?

La dame. — En effet.

Le monsieur. — Moi-même, je ne puis faire

trois pas sur le boulevard sans rencontrer un ami. Je ne veux point vous compromettre, je suis un galant homme. Vous pouvez probablement disposer de votre après-midi ?

La dame. — Je suis libre jusqu'à sept heures du soir. Mais pourquoi cette question ?

Le monsieur. — Ne vous effarouchez pas. Nous sommes à deux pas de la gare Saint-Lazare, je vous y donne rendez-vous dans un quart d'heure, au guichet de la ligne de Marly. Je prendrai deux billets pour Vaucresson, le temps n'a rien de menaçant et il doit faire délicieux se promener dans les bois, nous irons bras dessus bras dessous y cueillir des violettes, je connais les bons endroits. Et je vous ramènerai à Paris ce soir à six heures après avoir respecté votre incognito.

La dame. — Vous êtes un original.

Le monsieur. — Non, madame, je suis un sage.

La dame. — A notre époque, original et sage sont synonymes. Vous allez me trouver bien étrange, mais j'accepte ; à cette condition formelle que nous respecterons mutuellement notre incognito.

Le monsieur. — C'est juré !!

Une heure après, ils étaient à Vaucresson. A six heures, ils étaient de retour à Paris et ils avaient tenu leurs engagements. Le monsieur savait que l'amie de la dame qui devait l'accompagner au Louvre se nommait Édouard ; la dame savait que l'ami du monsieur qui devait aller à l'Hippique avait nom Florentine. Le monsieur avait avantageusement remplacé Édouard, la dame avait été plus gentille que Florentine ; tous deux étaient satisfaits l'un de l'autre. Ils se quittèrent après avoir échangé deux bons baisers et..... ils ne se sont jamais revus depuis ce temps. La chose se passait au printemps dernier.

LA VEILLE DES ÉLECTIONS

TABLEAU POLITIQUE

MACHINOT, agent électoral.
BOURUT, maraîcher.
LE PÈRE PITOIS, ouvrier carrier.

Dans la salle commune d'une auberge, à Vitry-la-Buse (Saône-Inférieure). Les trois hommes sont attablés et Machinot vient de faire venir un troisième pichet d'un petit vin bleu qui est la spécialité de la maison.

Le père Pitois. — Tout ça, c'est très bien, mais ça prouve absolument rien.

Bourut. — C'est vrai, c'est des promesses ; quant à les t'nir, ça n'est pas encore.

Machinot. — Croyez-vous que M. Dupont-Ozanne soit un homme à s'engager follement ? S'il promet quelque chose, c'est qu'il sait très bien qu'il pourra tenir ce qu'il promet.

Bourut. — I f'ra dévier l' ru ?

Le père Pitois. — I pourra forcer les patrons à augmenter not' paye ?

Machinot. — Il est bien décidé à faire tous ses efforts pour réaliser ces vœux. D'ailleurs, M. Dupont-Ozanne n'est pas le premier venu : il a fait ses preuves, et son passé répond de son avenir. Il est parti de rien, car ses parents étaient de modestes cultivateurs de la région. Aujourd'hui, il est arrivé à se créer une très belle situation ; c'est un homme riche.....

Le père Pitois. — C'est justement pour ça qu'j'ai d'la défiance. Il a su faire conv'nablement ses affaires, j'dis pas l'contraire, mais qui qui nous dit qu'i saura faire les nôtres ?

Bourut. — Ça, c'est vrai ! Qui qui nous l'dit ?

Machinot. — S'il brigue l'honneur de vous représenter à la Chambre des députés, ça n'est pas pure ambition de sa part : c'est un homme plein de dévouement; il ne voit que vos intérêts, et les siens passent après. Avouez avec moi que ça n'est pas pour les neuf mille francs d'appointements qu'il aura annuellement qu'il tient à être votre député ? Il a de la fortune ; il a quarante mille francs de rentes.

Le père Pitois. — Alors, pourquoi qu'i veut empêcher un aut' de les gagner, ces neuf mille francs, si i n'en a point b'soin ? Son concurrent Briscot, c'est un sans l'sou, mais c'est un travailleur : toute sa vie, il a fait du bien aux autres ; i n'a jamais su met' un sou d'côté, pa'ce que c'est un bon cœur.

Machinot. — Mais M. Dupont-Ozanne est un homme très charitable.

Bourut. — Seul'ment, il a commencé par amasser pour lui, et aujourd'hui qu'il a son affaire, i vient nous dire : « Nommez-moi député ! »

Le père Pitois. — D'abord, on sait pas au jusse quoi qu' c'est qu' son opinion ! C'est-i du lard ou du cochon ?

Machinot. — C'est un très ferme républicain rallié.

Le père Pitois. — Qu'est-ce que ça signifie ?

Machinot. — Cela veut dire qu'il ne voit d'avenir qu'avec un gouvernement républicain. Ses tendances, ses préférences, si vous aimez mieux, sont plutôt réactionnaires ; mais comme il constate que seule la République peut amener la stabilité en France ; il se dévoue et il accepte cette forme de gouvernement.

Bourut. — C'qui n'empêche que Briscot, lui, i fait pas tant d'façons qu' ça : c'est un brave républicain tout court, lui ; i cherche pas midi à quatorze heures ; il a pas comme M. Dupont-Ozanne des préférences, comme vous dites

Le père Pitois. — Et puis, Briscot, lui, est un d'chez nous, tout 'l'monde le connait ici depuis longtemps, tandis qu'vot' M. Dupont-Ozanne, il nous arrive de Paris tout chaud, tout bouillant.

Machinot. — Mais sa famille est originaire des environs.

Le père Pitois. — C'est-i sa famille qui s'fait nommer, ou lui ?

Machinot. — Ecoutez ! citoyens.....

Bourut. — Vous pouvez parler franchement, vous savez, vous êtes pas dans une réunion publique ; c'est pas la peine de faire des déclamations.

Machinot. — Comme il vous plaira. Seulement, messieurs, laissez-moi vous dire que le suffrage universel vous a été donné pour que vous en fassiez un bon usage. Si vous nommez Briscot, c'est la révolution à brève échéance ; si, au contraire, vous accordez vos suffrages à M. Dupont-Ozanne, c'est pour la stabilité, pour la tranquillité, pour le progrès enfin, que vous voterez. Briscot, c'est la ruine ; M. Dupont-Ozanne, c'est l'abondance, la richesse. Vous avez le choix. Il me semble qu'un homme sensé ne doit pas hésiter.

Le père Pitois. — Tout ça, c'est vous qui l'dites ; mais qu'est-ce qui nous l'prouve ?

MACHINOT. — La parole du candidat !

LE PÈRE PITOIS. — Oh ! oh ! c'est bien fragile !

BOURUT. — Ça s'vend pas au marché !

MACHINOT. — Et son passé ?

LE PÈRE PITOIS. — Son passé ! son passé !! Vous êtes venu, vous, qu'êtes pas du pays, nous raconter aux uns et aux autres toutes sortes de balivernes. Ce M. Dupont-Ozanne, personne ne le connaît. Briscot, c'est aut' chose. Et il faut que, du jour au lend'main, nous trouvions que vot' bonhomme est celui qu'i nous faut??

MACHINOT. — N'est-il pas soutenu par le gouvernement ?

BOURUT. — En v'là-t'i une belle affaire ! Le gouvernement, c'est personne et c'est tout le monde ! C'est un jour celui-ci, un jour celui-là. En République, ça peut arriver à tous les gens d'être un jour le gouvernement, même aux canailles ; ça s'est déjà vu, vous savez ! Alors, est-ce qu'on sait ? On donne sa voix à des gens qu'on connaît pas, sous prétexte que c'est des gens recommandés par le gouvernement ! C'est pas mon idée à moi. J'connais Briscot, j'vot'rai pour Briscot !

LE PÈRE PITOIS. — Et moi aussi, Bourut ; j'suis d'ton avis !

MACHINOT, *jetant une pièce de monnaie sur*

la table pour régler la consommation. — On a bien raison de dire que le paysan est entêté comme une mule ! Vous êtes indignes d'avoir de bons députés !

Le père Pitois. — J'crois plutôt qu'c'est M. Dupont-Ozanne qu'est indigne d'être le nôtre !

Bourut. — T'as bien raison, Pitois !

Machinot. — Je perds mon temps ici ; je vais aller ailleurs. (*Il se lève.*)

Bourut, à *Pitois*. — Ça i coût'ra gros à c'monsieur !

Le père Pitois, à *Bourut*. — C'est qu'il a les moyens, probablement.

UN CONTRE DEUX

TABLEAU DE FAMILLE

NOEL HORLET, artiste peintre, 36 ans.
LÉA HORLET, sa femme, 27 ans.
MADAME MICHARD (LODOISKA), mère de Léa, 56 ans.

Chez Noël, en été, fin juin ; chaleur étouffante. Tous trois sont à table et viennent de terminer le café. Il est huit heures et demie du soir.

MADAME MICHARD, *à son gendre*. — Enfin, dites le fin mot, ça n'entre pas dans vos idées.

NOEL. — Si vous voulez.

MADAME MICHARD. — Ça ne vous plaît pas d'être agréable à votre femme.

NOEL. — Ecoutez, belle-maman, je ne voudrais pas avoir l'apparence du gendre classique ; cependant vous me forcez à l'être. Je suis un homme très doux, plutôt calme, et vous, vous

vous plaisez à semer la zizanie dans mon intérieur.

Léa. — Tu pourrais bien dire *notre* intérieur !

Noel. — Soit, *notre* intérieur ! Pour être agréable à Léa, je veux bien consentir à vous recevoir chez nous quand vous venez à Paris.

Madame Michard. — C'est une façon détournée de me dire que je vous suis à charge.

Noel. — Je n'ai pas dit cela, sacrebleu ! ne me faites pas dire ce que je ne dis pas.

Léa. — C'est ça, emporte-toi !!

Noel. — Il y a vraiment de quoi ; ta mère ne fait que m'asticoter depuis une heure.

Madame Michard. — Je vous demande, il me semble, une chose tout ce qu'il y a de plus simple : je voudrais avoir Léa avec moi pendant un mois.

Noel. — Mais, sapristi, vous l'avez ici !

Madame Michard. — Ça n'est pas une raison pour qu'elle ne vienne pas passer un mois à Barbezieux.

Noel. — Mais, moi, je ne peux pas m'absenter, j'ai des toiles à terminer. Si au moins je pouvais vous accompagner !

Madame Michard. — Mon intention n'est pas de vous gêner dans vos occupations.

Léa. — Maman ne te force pas à venir à Barbezieux.

NOEL. — Autrement dit : Il te serait agréable d'abandonner ton logis, de m'abandonner moi-même pendant un mois pour faire plaisir à ta mère.

MADAME MICHARD. — Vous n'avez donc aucun souci de la santé de mon enfant ?

NOEL. — Léa se porte comme un charme.

MADAME MICHARD. — Ça n'est pas mon avis ; je trouve qu'elle dépérit.

NOEL. — Où avez-vous été dénicher cela ?

LÉA. — Tout le monde me trouve mauvaise mine.

MADAME MICHARD. — Depuis mon dernier voyage à Paris, elle est méconnaissable.

NOEL. — Madame Michard, j'ai l'honneur de vous faire remarquer que je me contiens, que je pèse toutes mes paroles pour n'en pas arriver à vous dire des injures ; cependant, depuis que vous nous faites le plaisir d'être des nôtres, notre ménage ne va que de bric et de broc, et cela parce que vous vous mêlez de choses qui ne vous regardent pas.

MADAME MICHARD. — Oh ! si l'on peut dire !!!

NOEL. — Contenez votre sainte indignation, comme je sais contenir moi-même le trop-plein de mauvaise humeur qui remplit tout mon être. Nous sommes mariés depuis huit ans ; dans notre intérieur, tout marche merveilleusement quand vous n'êtes pas là. On dirait qu'il vous faut absolument un souffre-douleur et vous m'avez tout l'air de m'avoir désigné pour cet emploi ; je me sens incapable de le tenir.

Léa. — N'insulte pas ma mère !!

Noel. — Je ne l'insulte pas, je tiens à lui dire ses quatre vérités. Le ménage n'a pas été créé pour l'isolement des époux ; je ne peux pas quitter Paris, tu n'iras pas à Barbezieux. C'est net ce que je te dis là, j'espère ?

Madame Michard. — Vous êtes un tyran, vous n'avez pas de cœur !

Noel. — Prenez-le comme il vous plaira ; cependant, je tiens à vous déclarer que je ne laisserai pas partir Léa, parce que je l'aime et uniquement parce que je la crois indispensable à ma vie.

Madame Michard. — Vous êtes un égoïste, vous ne voulez pas me laisser ma fille.

Noel. — Encore une fois, ça n'est pas un reproche, mais, saperlipopette, voilà six semaines que vous l'avez, votre fille. Vous l'avez jour et nuit puisque nous logeons sous le même toit ; cela ne vous suffit pas. Que voulez-vous de plus ?

Madame Michard. — A Barbezieux, je l'aurais davantage.

Noel. — Et moi je ne l'aurais plus du tout.

Léa. — Maman serait si contente !

Noel. — Et toi aussi probablement ; tu te sentirais libre pendant un mois, alors tu jubilerais.

Léa. — Non, je penserais à toi.

Noel. — Et pendant ce temps-là, je resterais ici à me morfondre ? Non, non, ça ne se passera pas comme ça. Madame Michard, si vous tenez à avoir une tête de turc, s'il vous faut absolument quelqu'un pour le faire enrager, remariez-vous : je ne mettrai aucun obstacle à vos projets d'union. En vous contemplant d'un peu loin, vous n'êtes pas trop fanée et vous pouvez faire encore les délices d'un homme de la province.

Madame Michard. — Noël ! vous êtes un impertinent !

Noel, *avec un sourire.* — Non, sublime belle-maman, je dis ce que je pense parce que je tiens à avoir la paix chez moi. Regardez comme ce soir j'ai le sang à la tête : elle est prête à éclater. . ne puis en entendre davantage ; je vais aller faire un tour sur le boulevard, ça me calmera. En mon absence, jabotez toutes les deux et figurez-vous que vous êtes à Barbezieux, vous en serez heureuses.

Il prend son chapeau et sort. A peine est-il parti que, dans un sourire, madame Michard dit à Léa :

Madame Michard. — Sois tranquille, ma chérie, nous triompherons; un homme contre deux femmes, voilà une partie inégale. Tu viendras cet été à Barbezieux, chez ta mère.

GRAVES OCCUPATIONS

CROQUIS

MÉLANIE ROBIN, 30 ans.
BLANCHE LAPRESSE, 28 ans.
VALENTINE MOREL, 20 ans.

Chez Mélanie Robin, un samedi vers quatre heures. Le samedi est le jour de Mélanie. Blanche et Célestine sont ses meilleures amies ; elles ne manquent jamais un de ses five o'clock. Les trois dames sont en puissance de mari ; d'ailleurs, leur conversation nous édifiera.

MÉLANIE. — Ne partez pas encore, vous êtes à peine arrivées.

BLANCHE. — Nous devons, Valentine et moi, aller faire un tour aux *Trois-Quartiers*, en remontant chez nous.

VALENTINE. — Il y a, en ce moment, des occasions étourdissantes ; des tours de cou qui sont de véritables rêves, en mousseline-illusion mauve, avec des petits plis. C'est tout bonnement délicieux.

BLANCHE. — Et je vous donne en cent à deviner combien on vend cela ?

MÉLANIE. — Sans les voir, je ne puis m'en faire une idée !

BLANCHE. — C'est merveilleux tout simplement, et ça ne coûte que quatre quatre-vingt-quinze !

MÉLANIE. — C'est donné !

VALENTINE. — N'est-ce pas ? Cela n'a qu'un défaut, ça se défraîchit tout de suite. Quand on a porté cela deux fois, c'est tout aplati; on est obligée d'en changer.

BLANCHE. — Et comme c'est très voyant, il ne faut pas porter cela plus d'une semaine.

MÉLANIE. — Quand vous passerez par la rue de Rivoli, entre la place des Pyramides et la rue de Castiglione, vous remarquerez les épingles à chapeau qu'il y a dans une toute petite boutique de rien du tout. C'est joli comme tout, et ils les vendent très bon marché.

VALENTINE. — Où donc, que j'y coure ? comme dit cet autre.

MÉLANIE. — Dans un petit magasin qui a pour enseigne : *A la Frivolité*; on n'y vend que des brimborions et des fanfreluches.

BLANCHE. — Je sais ce que vous voulez dire, je vois le magasin d'ici.

VALENTINE. — J'ai justement besoin de faire ma provision d'épingles; si vous le voulez bien en rentrant, nous passerons par là?

BLANCHE. — C'est d'ailleurs sur notre route. Mais, ma chère madame Robin, j'oubliais le principal.

MÉLANIE — Quoi donc?

BLANCHE. — J'ai donné votre adresse cette semaine à une dame; elle n'est pas venue de ma part pour vous voir?

MÉLANIE. — Je n'ai vu personne.

BLANCHE. — C'est une dame très recommandable qui n'est pas très heureuse; elle a eu des malheurs dans son ménage: un mari qui la trompait et dont elle a dû se séparer. Elle m'a raconté tout cela; c'est navrant ! Enfin, cette pauvre femme en est réduite à vendre du linge de corps pour gagner sa vie. Elle le vend un peu cher, mais on fait une bonne action en lui achetant quelque chose. Je vous recommande tout particulièrement ses pantalons, avec des entre-deux garnis de comète, c'est joli et ça n'est pas du tout ordinaire. J'en ai acheté quatre; je n'ai pas encore osé le dire à mon mari.

MÉLANIE. — A propos de votre mari! il va bien?

BLANCHE. — Pas trop mal. Il tousse toujours, mais c'est de sa faute : il ne veut pas se soigner. Pour en revenir à madame Troubet, — elle s'appelle madame Troubet, — recevez-la bien, n'est-ce pas, quand elle viendra de ma part ?

MÉLANIE. — De votre part, on est toujours ici la bien venue.

VALENTINE. — Mais, l'heure passe, et nous avons encore des courses à faire ; Blanche, vous n'y songez donc plus ?

BLANCHE. — Si, j'y songe, et je n'ai pas de temps à perdre, car ce soir nous devons aller aux Variétés.

MÉLANIE. — Vous ne craignez pas, avec le rhume de votre mari ?...

BLANCHE. — Il va bien toute la journée à ses affaires, pourquoi ne me mènerait-il pas ce soir aux Variétés ? Je tiens d'autant plus à y aller, que je veux étrenner ma robe saumon ; parce que la petite madame Pigeois, — nous y allons avec les Pigeois — la petite madame Pigeois aura sa robe de drap vert. Croyez-vous, ma chère, une robe de drap, en avril !

VALENTINE. — C'est honteux !

BLANCHE. — N'est-ce pas ? Aussi, ce qu'elle va bisquer !! Je suis on ne peut plus enchantée ! Au revoir, chère amie !

VALENTINE. — Au revoir !

MÉLANIE, à *Blanche*. — Et votre petit Toto ?

BLANCHE. — Il me fait énormément de peine, il a la coqueluche; la nourrice m'a écrit une lettre navrante la semaine dernière. Les enfants vous donnent bien des tourments ! Déjà cinq heures un quart ! Dépêchons-nous, Valentine ; j'en ai au moins pour une heure et demie à m'habiller. (*Elles sortent en coup de vent.*)

REPROCHES MÉRITÉS

INTÉRIEUR BOURGEOIS

ONÉSIME CLOQUARDIER, riche fabricant de cloches à melons, 50 ans.
ANTONIA CLOQUARDIER, née PLUMARD, son épouse, 49 ans.

Chez les Cloquardier, rue de la Verrerie. Antonia, assise auprès de la cheminée, où flambent des bûches qui proviennent des démolitions qu'on vient de faire dans le quartier, a abandonné la tapisserie qu'elle était en train de faire pour sangloter dans son mouchoir, tout imprégné des déjections produites par le rhume de cerveau dont elle est affligée. Onésime, qui a l'air d'être habitué à la chute de ces cataractes, est assis depuis un instant en face de sa femme, et lit le cours de la Bourse dans le *Paris* du jour. Il est sept heures et demie.

ONÉSIME. — Quand tu auras fini, nous dînerons.

ANTONIA. — Je n'ai pas faim! (*Tout ce qu'elle*

dit est mouillé de larmes amères et entremêlé de mouchements abondants.)

Onésime. — Si tu n'as pas faim, ça n'est pas une raison pour que je me bresse le ventre!

Antonia. — Nous mangerons tout à l'heure.

Onésime. — Les larmes te servent d'apéritif!

Antonia. — Et c'est toi qui es la cause de ces larmes.

Onésime. — Allons donc?

Antonia. — Oui, je sais tout!

Onésime. — Tout?? Quoi?

Antonia. — Tout!

Onésime. — Mais encore une fois?

Antonia. — J'avais des soupçons; ils ont été confirmés aujourd'hui.

Onésime. — Quand il te plaira de me parler d'une façon compréhensible, je me donnerai la peine de te répondre.

Antonia. — Tu me trompes!

Onésime. — Allons donc!

Antonia. — Ce matin, j'ai consulté une somnambule et elle m'a dit que j'étais trompée!

Onésime. — Combien cela t'a-t-il coûté?

Antonia. — Vingt francs!

Onésime. — C'est un louis de fichu! Tu m'aurais consulté, je t'aurais dit toute la vérité et ça ne t'aurait rien coûté.

Antonia. — Tu aurais eu le front de m'avouer tes fredaines?

Onésime. — Je n'en aurais pas rougi.

Antonia. — Sans cœur?

Onésime. — Écoute-moi, ma bonne et chaste Antonia. Nous avons trente ans de mariage. Je t'aime bien; j'ai toujours fait pour toi ce que le modèle des maris doit faire.

Antonia. — Le modèle des maris ne trompe pas sa femme.

Onésime. — En te trompant, je ne veux pas troubler la paix de ton intérieur. J'ai amassé une assez grosse fortune dans la fabrication des cloches à melons; je ne suis pas décoré, mais ton orgueil doit être pleinement satisfait : j'ai, je l'espère, assez obtenu de médailles dans les concours agricoles; j'en ai obtenu partout et de tous les modèles.

Antonia. — C'est flatteur; je ne dis pas le contraire. Mais les médailles ne font pas le bonheur.

Onésime, *sans l'écouter*. — Quand tu étais jeune, tu étais gentille, je suis le premier à le reconnaître. J'avais à me défendre contre les assauts des galants; j'ai monté ma garde convenablement. Je dois même avouer que tu as été gentille assez longtemps, il n'y a guère que depuis six ou sept ans que je te trouve considérablement changée à ton désavantage; aussi, longtemps je t'ai été fidèle.

ANTONIA. — Aujourd'hui, ça n'est plus ça !

ONÉSIME. — Et ça n'est vraiment pas de ma faute. Si tu n'avais pas eu dans les premiers temps de notre union une malheureuse métrite qui a complètement détruit chez toi l'espoir de progéniture, j'aurais peut-être à l'heure qu'il est des enfants qui seraient en passe de me faire devenir grand-père.

ANTONIA. — Je ne l'ai pas fait exprès !

ONÉSIME. — Je le sais fichtre bien !

ANTONIA. — Alors, pourquoi me tromper, aujourd'hui?

ONÉSIME. — Parce que je n'ai pas encore remisé et que le charme qui pourrait me retenir chez moi a pris son vol pour ne plus me laisser qu'une femme pleurarde et quinteuse. Je suis encore robuste.

ANTONIA. — Parce que je ne t'ai pas trop fatigué.

ONÉSIME. — Il ne faut t'en prendre qu'à toi. Tu as quarante-neuf ans et tu n'as plus rien de voluptueux; tes charmes ne me tentent plus, et moi, malgré mes cinquante-quatre ans, je suis encore vert, ce qui t'explique ma conduite.

ANTONIA. — Tu n'es qu'un vieux polisson.

ONÉSIME. — Vieux est peut-être de trop ! Polisson tant qu'il te plaira, mais plus avec toi.

ANTONIA. — Tu es indigne et je vais demander le divorce.

ONÉSIME. — Tu peux ! Quand je t'ai épousée, je n'avais rien ; toi, tu avais trois mille francs de dot. Tes parents, dans la crainte de me voir dissiper ce modeste avoir, m'ont contraint à t'épouser sous le régime dotal ; aujourd'hui, j'ai trente mille francs de rentes, et toi trois mille de capital. Tu n'iras pas loin avec ça ; donc, agis comme il te plaira !

ANTONIA, *se levant et tombant dans ses bras.* — Pardonne-moi ! Ne me fais plus de chagrin ! Ne me trompe plus !

ONÉSIME. — Tu as le défaut de chercher à savoir des choses qui ne te regardent pas. Aujourd'hui, le pli est pris ; je ne pourrai me refaire à mon chez-moi que le jour où je serai complètement vanné.

ANTONIA. — Espérons que ce jour viendra promptement.

ONÉSIME. — Tu es bonne pour moi.

ANTONIA. — Je t'aime tant !

ONÉSIME. — Alors, si tu m'aimes, mettons-nous rapidement à table ; j'ai affaire ce soir.

Antonia. — Je sais bien quoi !

Onésime. — C'est bien possible, mais ça ne te regarde pas. A table !

Ils s'installent ; Antonia sonne, la bonne apporte le potage.

TRÈS FORT !

TABLEAU D'AFFAIRES

DÉSIRÉ MOUVOIS, 45 ans.
RIGOBERT PIFFAREL, 50 ans.

Désiré, absorbé par la lecture du Supplément de la *Lanterne*, descend tranquillement la rue de la Fidélité. Il se trouve tout à coup en présence de Rigobert Piffarel.

RIGOBERT. — Eh bien, en voilà une rencontre !

DÉSIRÉ. — Il y a des éternités que je ne t'avais vu.

RIGOBERT. — Il y a plus longtemps que ça ! Qu'est-ce que tu deviens ?

DÉSIRÉ. — Je me laisse vivre maintenant que je suis retiré des affaires, que j'ai su habilement faire ma pelote. Je sais me contenter de ce que j'ai; nous avons ce qu'il nous faut, ma femme et moi : nous sommes heureux.

Rigobert. — As-tu de la veine de pouvoir dire cela à ton âge ! car tu es plus jeune que moi. J'ai cinquante ans passés.

Désiré. — Et moi quarante-cinq !

Rigobert. — Et je suis obligé de trimer comme un pauvre bougre, sans savoir comment envisager l'avenir, ni même avec l'espoir de pouvoir un jour en prendre à mon aise.

Désiré. — As-tu le temps ?

Rigobert. — Un petit quart d'heure !

Désiré. — Viens prendre un bock au café des *Deux-Hémisphères*, tu me raconteras tes peines.

Rigobert. — Allons-y !

Trois minutes après, ils sont installés à la terrasse.

Désiré. — Alors, mon pauvre ami ?

Rigobert. — Pour le moment, j'en suis au bout de mon rouleau.

Désiré. — Mais, sapristi ! si je ne me trompe, il me semble qu'autrefois tu étais un peu à ton aise !

Rigobert. — Autrefois, oui, mais j'ai mis de l'argent dans un tas d'affaires qui n'ont pas été.

Désiré. — Tu dois te laisser facilement entortiller !

RIGOBERT. — Pas tant que tu le crois, parce que je ne suis pas tout à fait un serin ; je puis même dire que je suis très fort en affaires, et cela, sans me vanter. Mais il y a une espèce de déveine qui s'attache à tout ce que j'entreprends. Il y a bien huit ans que je ne t'ai vu !

DÉSIRÉ. — Comme le temps passe ! C'est vrai, il y a au moins ça !

RIGOBERT. — A cette époque, j'avais devant moi un joli petit capital de trois cent mille francs que j'avais amassé dans le commerce des vins ; j'étais très fort dans ce genre de commerce, et la preuve c'est que parti de rien, j'avais rapidement trouvé le moyen de mettre cette somme de côté.

DÉSIRÉ. — Tu avais de quoi vivre.

RIGOBERT. — C'est vrai ; mais j'ai eu de l'ambition ! J'ai voulu aller plus loin. On m'a proposé de mettre une faible somme, vingt-cinq mille francs, une vétille comme tu vois, dans une entreprise de concerts classiques populaires.

DÉSIRÉ. — Oh ! oh ! fichue affaire !

RIGOBERT. — Ça devait me rapporter des mille et des cents !! Ça a été boulotté en rien de temps. J'étais très embêté ! Je n'en avais pas parlé à ma femme. Alors j'ai voulu rattraper ça. On m'a proposé une représentation pour des lanternes de cyclistes ; il n'y avait que de l'argent à gagner. Les appointements étaient superbes, six cents francs par mois. J'ai du bagout, tu le sais; je me dis : Voilà mon affaire, ça m'ira comme un gant! Seulement il fallait déposer cinq mille francs de cautionnement. Je n'hésitai pas un instant. Quinze jours après mon entrée en fonctions, le patron faisait faillite et mes cinq mille francs étaient passés au bleu.

Désiré. — Pauvre vieux!

Rigobert. — J'étais très vexé, tu le conçois. Alors j'ai voulu tenter un gros coup! J'ai mis soixante-dix mille francs dans un journal de modes; je me disais : Les journaux politiques, c'est une sale affaire; mais les journaux de modes, ça n'est pas la même chose. Ah! va te faire fiche! au bout de quatre mois il n'y avait plus un sou en caisse : on avait fait les choses trop grandement. Le directeur me fait un nouvel appel de fonds et j'ai la naïveté de lui redonner trente mille balles...

Désiré. — Qui sont allées rejoindre les soixante-dix mille premières.

Rigobert. — Comme tu le dis fort éloquemment.

Désiré. — Alors?

Rigobert. — Je me suis retourné vers l'industrie; le bâtiment c'est solide, n'est-ce pas! La serrurerie m'a mangé quinze mille francs, la carrosserie, vingt-sept mille, l'orthopédie, trente-deux mille, l'ébénisterie, quarante-et-un mille.

Désiré. — De plus fort en plus fort !

Rigobert. — Oui, mon vieux; et on ne me le met pas facilement à moi, parce que je ne suis pas un godiche, un naïf ! Pour l'instant, j'ai le restant de mes écus dans une affaire d'automobiles.

Désiré. — Et quand tu n'auras plus rien ?

Rigobert. — Je suis tranquille; c'est une chose qui ne m'arrivera pas, parce que je suis un malin. Je suis très fort sans en avoir l'air, et si je vois que ça ne marche pas...

Désiré. — Que feras-tu ?

Rigobert. — A mon tour, je chercherai des capitaux pour monter des affaires et je ferai comme tous ceux qui m'ont embobiné. Je prouverai alors que je suis très fort, que je ne me laisse pas arranger. Chacun son tour; j'aurai ma revanche.

L'ISOLÉ

TABLEAU A LA MANIÈRE NOIRE

JACQUES DUBREZ, 40 ans.
FRÉDÉRIC LANGEVIN, son ami, 38 ans.

Jacques est en robe de chambre ; il est à moitié endormi dans son fauteuil, qui est près de la cheminée. Il a le visage défait, on sent qu'il souffre ; la maladie le mine. Il sort de sa somnolence quand Augustine, la bonne, introduit Frédéric.

Jacques, *se soulevant à demi*. — C'est toi, mon vieux, c'est toi ! (*Un éclair de satisfaction illumine son regard.*)

Frédéric. — Allons, voyons, ne te dérange pas.

Jacques. — Ah! que tu es gentil de venir me voir, mon vieux ! Assieds-toi !

Frédéric, *qui vient de s'asseoir*. — Là, me

voilà. J'ai appris que tu n'allais pas ; alors, je me suis dit : « Faut aller le voir ! »

JACQUES. — Tu ne peux pas te figurer à quel point tu me fais plaisir. C'est certainement un soulagement pour moi que d'avoir un ami. Au lieu de me coller des drogues, le médecin ferait bien mieux de m'envoyer un ami ici de temps en temps : peut-être reviendrais-je à la santé ! Je dis peut-être, car je me crois bien fichu.

FRÉDÉRIC. — Ne dis donc pas de bêtises ! A ton âge, quarante ans, on ne file pas comme ça sans prévenir les amis.

JACQUES. — Oh ! sois tranquille ! Mes dispositions sont prises pour le jour de mon déménagement ; toutes mes petites affaires sont bien en ordre.

FRÉDÉRIC. — Mais, ah çà ! Tu tournes au lugubre de première classe. Assez sur ce chapitre, hein ? Ta femme va bien ?

JACQUES. — Je l'espère ; voilà trois jours que je n'ai eu de ses nouvelles.

FRÉDÉRIC. — Hein ?

JACQUES. — Oui ; elle est à Nice avec sa toquée de mère.

FRÉDÉRIC. — Il y a longtemps qu'elle est partie ?

JACQUES. — Elle est absente depuis une quinzaine de jours.

FRÉDÉRIC. — Elle te sait malade ?

JACQUES. — Oui, j'étais déjà dans un fichu état lorsqu'elle a pris sa volée.

FRÉDÉRIC. — Mais c'est inconcevable ! Je ne te savais pas aussi abandonné. C'est honteux !

JACQUES. — Oh ! mon vieux, je suis ordinairement très faible avec elle, et, dans l'état où je me trouvais, je ne pouvais faire acte d'autorité. Je te l'ai dit, je dois tout cela à ma chère belle-mère. Madame veuve Mirouelle est une femme dans le train ; si pour le carnaval on ne la voyait pas à Nice, tout serait perdu ! Il faut qu'on la remarque partout où il est chic de se trouver en saison.

FRÉDÉRIC. — Mais, mon pauvre ami, ta femme manque donc complètement de cœur?

JACQUES. — Je le crains ; ce dont je suis sûr, c'est qu'Amélie a reçu une très mauvaise éducation. Sa mère lui a faussé l'esprit et le pli est pris ; elle est atteinte, je crois, d'un mal inguérissable : la mode !

FRÉDÉRIC. — Il semble pourtant invraisemblable que, te sachant dans un état inquiétant, elle t'ait laissé ainsi tout seul à Paris.

JACQUES. — Je crois qu'avant de partir, elle s'est renseignée ; le médecin a dû lui dire que ce ne serait que pour le mois de mars.

FRÉDÉRIC. — Tu dis??

Jacques. — Oui, tu vois, je ne m'illusionne pas sur mon sort. Je suis fichu, mon pauvre ami, bien fichu, je suis poitrinaire jusqu'à la moelle des os.

Frédéric. — Oh! on dit ça!!

Jacques. — Erreur complète! Les poitrinaires ne le disent jamais; mais chez nous c'est héréditaire : mon père est mort à quarante ans, mon frère aîné à trente-sept. Moi, je vais sur mes quarante et un ans; j'ai la bonne mesure. Je n'ai pas à me monter le bourrichon, je sais ce qui m'attend.

Frédéric. — J'aime à croire que tu exagères.

Jacques. — Tu es bon, mon brave Frédéric, et je vois sur ta bonne figure que tu ne penses pas un mot de ce que tu dis. Je ne t'en remercie pas moins. Veux-tu me rendre un service?

Frédéric. — Tout ce que tu voudras.

Jacques. — Nous sommes, je suppose, car je ne sais trop comment je vis, nous sommes, dis-je, aujourd'hui le 15 février?

Frédéric. — Tu parles comme un éphéméride.

Jacques. — Je vais t'imposer une corvée. Viens me voir tous les deux jours, tu me feras plaisir.

Frédéric. — Mais je viendrai tous les jours.

Jacques. — Tu es vraiment trop gentil!

Mais sois tranquille, je ne te dérangerai pas longtemps dans un mois tout sera fini. Tu peux même avoir la chance de rencontrer ma femme ici la veille ou l'avant-veille de l'événement fatal. Mon enterrement sera un événement très parisien ; ma belle-mère n'y voudra pas manquer. Maintenant parlons d'autres choses. Qu'est-ce qu'on dit au Cercle?...

DARE-DARE

TABLEAU CINÉMATOGRAPHIQUE

ROBERT D'ARBAUCOURT, 33 ans.
ROSETTE DE VALFLEURI, 25 ans.

Chez Robert. Jolie petite garçonnière toute pimpante et toute fleurie. Robert, en toilette d'intérieur, attend avec impatience la visite de l'aimée. Elle a promis et bien promis de venir vers quatre heures, et voici qu'il est quatre heures et demie. Robert est navré ! Le timbre de l'antichambre vient de retentir ; le visage de Robert exprime une joie intense. La portière se soulève, et la mignonne petite frimousse de Rosette apparaît.

ROSETTE. — Coucou !

ROBERT. — Enfin, c'est vous ! vous voici !

ROSETTE, *entrant en coup de vent*. — Oui, je suis en retard, n'est-ce pas ? Et encore je ne fais que d'entrer et je file.

ROBERT. — Comment ? Que me dites-vous là ?

ROSETTE. — Oui, mon cher, je suis horriblement pressée : un tas de courses à faire, de visites à rendre ; est-ce que je sais !!

Robert. — Je ne vous ai pas encore embrassée.

Rosette. — Embrassez-moi vite alors, vite ! vite ! (*Elle tend son petit bec.*)

Robert, *prolongeant le baiser.* — Oum ! Oum ! Ma Rosette bien-aimée !!

Rosette. — Oh ! que vous êtes long ! Ne lambinez donc pas comme ça !

Robert. — Mais, mon amie chérie, voilà huit jours que nous n'avons pu nous trouver seuls un petit moment.

Rosette. — C'est une fatalité, j'en conviens, mais ça n'est vraiment pas de ma faute : les exigences de notre monde ; je ne m'appartiens pas. Vous avez tout mon amour...

Robert. — Et malheureusement j'en profite rarement.

Rosette. — Cependant, vous savez bien que je n'aime que vous.

Robert. — J'ose le croire, mais qui pourrait supposer que cela est, nous sommes si rarement ensemble ! Je voudrais vous prouver combien je vous aime. (*La prenant par la taille et cherchant à l'attirer à lui.*) Combien je t'aime, ma Rosette chérie !

Rosette, *se défendant*. — Oui, mais pas aujourd'hui. Je suis, je vous l'ai dit, horriblement pressée. En sortant d'ici, je vais chez ma modiste, de là, j'irai chez madame Riboulin à laquelle je dois une visite depuis quinze jours. J'ai également promis à la marquise de Trèflecourt de passer chez elle ce soir; il y a séance de comité pour la vente de charité qui aura lieu samedi prochain au Continental. Je tiendrai un comptoir de cigares et cigarettes. J'aurai le plaisir de vous compter comme client. Vous m'apporterez votre obole ?

ROBERT. — En doutez-vous, ma tourterelle adorée ?

ROSETTE. — Il faut donc que j'aille prendre les instructions nécessaires à mon service. Il faut également que je passe chez Virel, le bijoutier, car ce jour-là, je tiens à avoir mes diamants en bon état.

ROBERT. — Mon Dieu, que vous avez donc de choses à faire ! !

ROSETTE. — Vous en convenez vous-même. Et je dîne ce soir chez ma mère, il y a réception. Il faut que je rentre chez moi pour m'habiller ; on dîne à sept heures et demie, voilà qu'il va être cinq heures ! Un baiser rapidement et je me sauve ! (*Elle tend une seconde fois son joli bec, Robert y dépose un baiser, elle se lève.*) Vous êtes un amour !

ROBERT. — Quand vous reverrai-je?

ROSETTE. — A la vente de charité, samedi prochain.

ROBERT. — Pas avant?

ROSETTE. — Vous riez? Je n'ai pas une minute à moi cette semaine. (*Arrivée à la porte, elle se retourne.*) Ah! à propos, mon mari sait tout!

ROBERT, *atterré*. — Tout! Quoi?

ROSETTE. — Tout, je vous dis. Il est dans un état! Il viendra vous trouver ici ce soir.

ROBERT, *livide*. — Pourquoi faire?

ROSETTE. — Pour vous tuer, probablement! A samedi. Ne manquez pas de venir au Continental! (*Elle se sauve.*)

URSULE M'ATTEND !

ÉTUDE TROUBLANTE

HENRY LABADOIT, 30 ans.
ANATOLE TURBIN, 30 ans.
CHARLES MARINGEOT, 33 ans.
BERNARD SIPONT, 36 ans.
UNE DAME de 27 à 44 ans.

Les quatre messieurs sont employés dans la maison Grivardier, le grand marchand de plumes de la rue du Mail. Il est six heures et demie, ils sortent tous quatre du bureau.

HENRY.— Non, je vous dis. Ça n'est pas possible, Ursule m'attend !

ANATOLE.— Elle n'en mourra pas, ta femme, d'attendre une demi-heure de plus !

HENRY.— Non. Mais tu sais, je suis l'homme exact par excellence, je ne me dérange jamais. Si Ursule ne me voit pas arriver à la maison à sept heures, elle sera aux cent coups !

CHARLES. — Voyons, on n'enterre pas tous les jours une vie de garçon !

BERNARD. — Ça a dû t'arriver, à toi, la veille de ton mariage !

HENRY. — Si jamais j'avais pu prévoir, je l'aurais prévenue, mais ne sachant pas, vous comprenez, ce n'est pas la même chose. Franchement, toutes réflexions faites, je ne peux pas. Ursule m'attend !

CHARLES. — En voilà une poule mouillée !

ANATOLE. — Veux-tu que j'aille la prévenir ? Je lui dirai : « Madame, comme je me marie demain, je vous chipe votre mari pour une petite demi-heure. Il vous reviendra tout à l'heure frais et rose ; nous ne vous l'abîmerons pas. »

HENRY. — Écoutez ! ce que je vais faire n'est pas bien, mais vous me promettez que ça n'ira pas plus loin ? J'aurai sûrement une scène en rentrant, mais c'est uniquement pour vous prouver que je ne crains pas ma femme, et que je veux vous être agréable !...

BERNARD. — Tu te radoucis ; ça va...

Trois quarts d'heure après, à la terrasse du café de France. C'est la quatrième tournée d'apéritifs qui s'avance, la tournée d'Henry.

HENRY. — Et maintenant ?...

ANATOLE. — Maintenant, quoi ?

HENRY. — Nous allons nous enfiler ça sur le pouce et je vais me tirer. Ursule m'attend ; elle doit même être dans un état pas ordinaire.

CHARLES. — Alors, tu vas numéroter tes abatis !

BERNARD. — La tournée sera soignée. Malheur ! Si ma femme se permettait une chose pareille !...

HENRY. — Qu'est-ce que tu ferais ?

BERNARD. — Ça ne traînerait pas. Je l'enverrais dinguer, ça ne ferait pas l'ombre d'un pli.

HENRY. — Tu y es habitué, toi. Il n'y a que le premier pas qui coûte.

ANATOLE. — Il faut toujours le faire, ce premier pas.

HENRY. — C'est fort ce que tu dis là !! Tu te maries demain, mais moi, voilà sept ans que je suis en ménage.

BERNARD. — Et tu n'as jamais manqué à l'appel du soir ?

HENRY. — Jamais !

CHARLES. — Il y a de quoi se mordre l'œil ! (*Tous rient.*)

HENRY. — Quand vous aurez fini de vous payer ma tête ?

ANATOLE. — Il n'y a qu'un moyen d'obtenir cela de nous : viens partager notre repas !

HENRY. — Oh! ça, jamais!

CHARLES. — Sa femme ne lui pardonnerait pas!

BERNARD. — Madame Ursule en ferait une maladie!

ANATOLE — Demain, à la mairie, je préviendrai ma fiancée. Je ne veux pas avoir l'air aussi serin que ce pauvre Henry. Ah! ça, jamais!!

CHARLES. — Qu'est-ce que tu veux? Il faut qu'il y ait des exceptions pour confirmer la règle!

HENRY. — Écoutez! Vous m'agacez, à la fin! Je ne suis pas si bête que ça, et pour vous prouver que je ne crains pas ma femme, je vais aller dîner avec vous. Mais je vous préviens que, sitôt le dîner terminé, je vous lâche.

ANATOLE. — C'est convenu. Ursule t'attend!

HENRY. — Oui.

> Deux heures après, Henry avait un panache de tout premier ordre; il était avec ses amis dans le promenoir des Folies-Bergère, et le lendemain matin, à sept heures, il se réveillait en sursaut dans un logis qui lui était totalement inconnu, avec, à ses côtés, une dame très maquillée, qui dormait la bouche ouverte.

HENRY. — Sapristi de sapristi!!

> L'exclamation réveille la dame.

La dame.— Hein ? Quoi ? Qu'est-ce que t'as, mon chéri ?

Henry.— Les saligauds ! Il est sept heures ! Sept heures du matin ! Ursule m'attend ! Voilà douze heures que je devrais être rentré chez moi !

VOCATION !

ÉTUDE DE NU

ANTONIO GÉNIAL, artiste sculpteur, 35 ans.
OLYMPE DE CARMEL, jeune veuve, 29 ans.
MARGOT, modèle, 17 ans.

Dans l'atelier du sculpteur Génial, rue du Moulin-de-Beurre, à Montrouge. Margot, debout sur la table à modèle, pose une « Ève après le péché », tandis que l'artiste manie la glaise avec dextérité. Tout en travaillant, il daigne causer avec son modèle.

ANTONIO. — Tu n'es pas trop fatiguée, Margoton ?

MARGOT. — Non, monsieur Génial, seulement il fait bigrement frisquet chez vous !

ANTONIO. — Qu'est-ce que tu fais donc de ta feuille de vigne ?

MARGOT. — Je l'ai laissée au vestiaire.

ANTONIO. — Va t'y réchauffer un instant ; je vais mouiller ma terre.

MARGOT. — Ça s'ra rud'ment chouette vot' Ève, vous savez ! J'suis rud'ment contente de poser pour ça, j' f'rai mon p'tit effet au Salon.

ANTONIO. — Alors, tu trouves que ça vient bien ? Ça te fait bon effet ?

MARGOT. — Si vous décrochez pas la médaille d'honneur avec ça, c'est qu' tous les membres du jury auront de la bouillie dans les yeux !

ANTONIO. — A moins qu'ils n'aient des protégés à contenter. (*On frappe.*) Rentre dans la chambre, voilà quelqu'un ! (*Margot disparaît derrière une portière qui masque une porte. Antonio, qui vient d'ouvrir l'huis de son atelier, est très étonné en se trouvant en face d'Olympe.*) Comment, vous, madame de Carmel ? vous ici ?

OLYMPE. — Vous êtes surpris de me voir?

ANTONIO. — J'étais à cent lieues de me douter que vous me feriez un tel honneur. Excusez-moi de vous recevoir dans ce taudis. Si j'avais été prévenu de votre visite, j'aurais fait décorer l'atelier par des fées de ma connaissance qui font une sérieuse concurrence à Belloir.

OLYMPE. — Je voulais vous surprendre en arrivant ici à l'improviste. Vous êtes en plein travail...

ANTONIO. — Comme vous le voyez. (*Criant*

à la porte.) Margot ! remets tes frusques ; la pose est terminée pour aujourd'hui.

MARGOT, *du cabinet de toilette*. — Bien, monsieur Génial.

OLYMPE. — Mais je vous dérange probablement !

ANTONIO. — Pas du tout, madame ; nous terminions. Mon modèle se plaignait de la fraîcheur de la température de l'atelier, elle était allée se réchauffer dans la chambre, auprès du poêle.

OLYMPE, *qui vient de s'asseoir sur un divan bas*. — Vous ne m'en avez pas priée, je m'assieds tout de même !

ANTONIO. — Agréez toutes mes excuses, chère madame, je suis si peu habitué à recevoir chez moi des gens du monde, qu'on doit très souvent me trouver d'une impolitesse énorme !

OLYMPE. — C'est vraiment très joli ce que vous faites là !

ANTONIO. — C'est votre avis bien sincère ?

OLYMPE. — Je n'ai pas pour habitude de déguiser ma pensée, oui c'est très bien ; et votre modèle pose dans ce costume ?

ANTONIO. — Exactement comme vous la voyez reproduite.

MARGOT, *à travers la porte du cabinet*. — Je suis prête, monsieur Génial, on peut sortir ?

ANTONIO, *à Olympe*. — Vous permettez ?

OLYMPE. — Faites donc !

ANTONIO. — Sors, petite sauvageonne ! (*Olympe la regarde curieusement avec son face-à-main.*) Tiens ! voilà ta séance ! (*Il lui donne trois francs.*)

MARGOT. — J' veux pas vous voler, monsieur Génial, aujourd'hui y a eu qu'une demi-séance.

ANTONIO, *lui donnant une tape sur la joue.* — Ça ne fait rien, garde tout et reviens demain matin à dix heures !

MARGOT. — Bien, m'sieu Génial ; au revoir, à demain ! Bonjour madame ! (*Elle se sauve.*)

OLYMPE. — Elle est gentille, cette petite !

ANTONIO. — Comme cela, elle ne dit pas grand'chose ; mais c'est un précieux modèle, elle a des formes impeccables. Malheureusement, elle ne les conservera pas longtemps ; c'est jeunet, ça a dix-sept ans. Les parents la surveillent, mais un beau jour elle trompera la surveillance des parents et elle arrivera à se déformer très rapidement.

OLYMPE. — Il est une chose qui me laisse rêveuse.

ANTONIO, *s'asseyant à côté d'elle.* — Laquelle, chère madame ?

OLYMPE. — Je me demande comment, ayant à votre disposition des modèles comme vous en avez, vous n'arriviez pas à les déformer vous-même.

ANTONIO. — Oh! madame, il en est qui ne se gênent point! Il en est d'autres, au contraire, qui ont le culte du beau et qui respectent les œuvres d'art; je suis de cette dernière catégorie.

OLYMPE. — Je vous en félicite; je vous sais galant homme, mais malgré tout, homme tout de même!

ANTONIO. — Je suis heureux d'apprendre que vous vous en êtes aperçue; car je vous assure que, malgré toute l'apparence artistique qui se manifeste dans votre personne, je ne saurais avoir pour vous le respect que j'ai pour mes modèles s'il m'était donné de vous contempler dans le simple appareil de la beauté!

OLYMPE. — C'est très malhonnête ce que vous me dites là!

ANTONIO. — C'est possible, mais je le pense.

OLYMPE. — Alors, changeons de conversation. Je n'en suis plus à vous dire l'admiration que j'ai pour votre talent, cette admiration est de jour en jour plus grande, elle va même jusqu'à une envie.

ANTONIO. — Dites-moi cette envie?

OLYMPE. — C'est très grave! Croyez-vous

que la vocation peut se manifester chez quelqu'un subitement !

Antonio. — Cela s'est déjà vu !

Olympe. — Croyez-vous que la femme peut tout aussi bien que l'homme donner à la terre cette pureté de formes que vous savez lui donner ? je vais me faire comprendre : vous vous êtes fait une spécialité, vous avez un talent incontesté, vous ne faites que le nu ; je voudrais devenir votre élève, je voudrais arriver à modeler le corps de l'homme tout aussi bien que vous le faites pour celui de la femme.

Antonio. — Voilà qui est grave, en effet.

Olympe. — Le modèle est indispensable ? On ne fait pas de la sculpture de chic ?

Antonio — Jamais !

Olympe. — Il faudra donc que je prenne un modèle-homme ?

Antonio. — Oh ! madame, que me dites-vous là ?

Olympe. — J'aurai une force de caractère tout aussi complète que la vôtre ; je ne le déformerai pas.

Antonio. — Les modèles-hommes sont moins respectueux.

Olympe. — Vous croyez ?

Antonio. — J'en suis sûr ! Voulez-vous que,

pour votre première leçon, je vous serve de modèle ?

OLYMPE. — Vous serez sage ?

ANTONIO, *en l'embrassant, lui murmure à l'oreille.* — Tu verras comme je t'aimerai bien !

Et, pendant deux heures, l'atelier reste vide. Olympe et Antonio ont commencé par ne pas se respecter, pour le début. Il est vrai qu'Olympe est une honnête femme, qu'elle est venue trouver l'artiste en sachant très bien ce qu'elle allait faire, mais avec la conviction qu'Antonio réparerait. Et comme Olympe était toujours désirable, au bout de deux mois, Antonio réparait légitimement devant M. le maire du seizième arrondissement (madame veuve de Carmel habitait rue de la Pompe, à Passy).

TRAVAIL !

SCÈNE NOCTURNE

POLYTE, dit la Terreur de la Villette, 20 ans.
ANGÈLE, dite la Belle-Grosse, 29 ans.
AUGUSTINE, dite Titine, 18 ans.

Sur le boulevard de Ménilmontant, un samedi, jour de paye, neuf heures et demie du soir. Angèle et Titine font les cent pas sur le terre-plein en face du concert du XX° Siècle. Le temps est beau : un petit froid sec de janvier qui pique, mais qui n'a rien de désagréable.

Titine. — Alors, t'es heureuse ?

Angèle. — Pour sûr ! Polyte est un chouette type ! Un peu brutal, mais aimant et solide ; il a du biceps à en revendre à tous les michés plus ou moins chétifs que je récolte sur le boulevard.

Titine. — Mon Charlot, à moi, il est plutôt pas fort et c'est une consolation pour moi d'être aux petits soins avec lui; il est doux comme un mouton et ne me fait jamais de reproches.

Angèle. — Le mien n'est pas comme ça. S'il me voyait en train de bavarder comme je le fais en ce moment, il m'engueulerait dans les grands prix. Et ça ne me ferait pas de peine, il comprend la vie!

Titine. — Ça te fait donc plaisir d'être battue?

Angèle. — Il me prouve sa supériorité. C'est un vrai mâle, et quand je reçois une bonne ratatouille, j'ai le cœur plus tendre.

Titine. — Ma pauvre Angèle, chacun son goût. Vois-tu, moi, j'aimerais pas ça. Si mon Charlot me laisse turbiner pour vivre, au moins il fait ce qu'il peut pour amener quelques picaillons à la maison. Dans la journée, il va ouvrir des portières devant les mairies et les églises et le soir il ramasse des bouts de cigares ou des mégots de cigarettes; enfin, il reste pas à rien faire.

Angèle. — Charlot travaille, ça le regarde, et je te trouve vraiment sans cœur de lui laisser faire ce qu'il fait. Il est vrai que pour ce qu'il a à s'abîmer, il n'y a pas d' deuil. Mais, mon Polyte qu'est si beau, si grand, si fort, qu'une autre pourrait me chauffer si facilement, j'aime bien mieux gagner toute la galette qu'i nous faut pour tous deux, et même le superflu pour lui. Si jamais toi ou une autre s'avisait d'i faire de l'œil, j' lui casserais la margoulette et ça ne traînerait pas.

TITINE. — Sois tranquille, va, j'ai pas l'intention de te faire ton Polyte !

ANGÈLE. — J'ai confiance en toi, et j'espère bien, la môme, que jamais t'auras des prétentions sur sa personne. En ce moment, mon homme est sûrement en train de faire son café à la manille avec le gros Mimile et Nénesse ; alors, j' suis heureuse et tranquille. J' les vois d'ici, la pipe à la gueule, en train de s'en dire et de s'en redire.

> A ce moment, Polyte, qui depuis un moment observait de loin les deux femmes, s'approche et allonge un formidable coup de pied dans le derrière d'Angèle.

POLYTE. — Attrape ! espèce de sale vache !

ANGÈLE. — Oh ! mon homme !

TITINE. — Voyons, m' sieu Polyte ?

POLYTE. — Foutez-moi la paix, toutes les deux ! Vous n'êtes que deux flemmes ! Vous jacassez comme des pies borgnes et vous laissez les clients se morfondre. Espèces d'andouilles ! Il y a là-bas un sergent-major qu'a l'air d'être en permission ; i doit avoir des économies et des envies de les dépenser. Toi, tu n'as pas seulement l'air d'y faire attention, s'pèce de feignasse! Veux-tu y aller, un peu plus vite que ça?

Angèle va causer au sergent-major, et s'éloigne avec lui.

Polyte. — Quant à toi, la môme, y a longtemps qu' j'ai envie d' ta peau!

Titine. — Oh! m'siéu Polyte!!

Polyte. — De quoi? Tu veux faire des façons avec Bibi? C'est pas parce que t'es avec un crevé qu'il faut dédaigner les gars solides!

Titine. — Angèle est mon amie...

Polyte. — Ça, j' m'en fous, par exemple! C'est une femme, elle n'a pas à rouspéter. J' lui dirai même què c'est moi qu' a voulu; elle ne trouvera rien à redire, du moment que ça m'fait plaisir. Ton homme est chez toi?

Titine. — J' sais pas!

Polyte. — Et puis, après tout, j' m'en fous aussi d' ton homme. Conduis-moi dans ta turne. S'il est là, l'astèque, j' lui secouerai les puces; en attendant, j' te veux ce soir et j' t'aurai!

Il la prend par la taille.

Titine, *criant*. — Ah! vous me faites mal, m'sieu Polyte!

Polyte. — Ta gueule, bébé!... Tu vas m'aimer, après ça, que ça en s'ra un vrai beurre!

Ils s'éloignent tous les deux, et un quart d'heure après ils s'aiment.

AVEUX RÉCIPROQUES

TABLEAU MONDAIN

GABRIELLE MICHONET, 18 ans.
URBAIN DES IFS, 29 ans.

Dans le Grand Monde, chez les Peuñousimporte. Très belle soirée, beaucoup d'invités, brillante réunion. Urbain des Ifs vient de valser avec Gabrielle Michonet, et c'est au buffet que nous cueillons leur conversation.

URBAIN. — Vous valsez comme un ange, mademoiselle !

GABRIELLE. — Les anges valsent donc ?

URBAIN. — C'est une façon de parler.

GABRIELLE. — Je m'en doute un peu. Vous m'avez dit cela comme vous m'auriez dit autre chose.

URBAIN. — Non, car j'aurais pu vous dire...

GABRIELLE. — Quoi donc ?

URBAIN. — Que vous êtes très jolie, que je

vous connais bien des qualités, que celui qui aura le bonheur de devenir votre époux, sera le plus heureux des hommes...

Gabrielle. — J'étais certaine que vous alliez en venir à la petite déclaration.

Urbain. — Est-ce que j'ai l'air de vous faire une déclaration ?

Gabrielle. — Non seulement vous en avez l'air, mais vous en avez la chanson. D'ailleurs j'étais prévenue. Je savais que vous alliez m'ouvrir votre cœur.

Urbain. — Ah ! vous saviez ?

Gabrielle. — Je sais que le bruit court de notre prochaine union.

Urbain — Comme tout se sait vite à Paris !

Gabrielle. — Trop vite, même !

Urbain. — C'est votre avis ?

Gabrielle. — Dame ! on ne nous a consultés ni l'un ni l'autre et déjà l'on échafaude toute une histoire. Voulez-vous être franc avec moi ?

Urbain. — Vous êtes si gentille, que je ne saurais rien vous refuser.

Gabrielle. — Oh ! je vous en prie, pas de pommade !

Urbain. — Vous êtes nouveau jeu !

Gabrielle. — Très ! Alors, d'une façon nette, répondez-moi. Est-ce que je vous plais ?

Urbain. — Beaucoup !

GABRIELLE.— C'est dommage, car vous, vous n'êtes pas mon type !

URBAIN— Ah !

GABRIELLE. — Quand je dis ça, je me comprends. Vous n'êtes pas le bonhomme que j'ai rêvé comme mari.

URBAIN. — Moi, je ne tiens pas du tout à me marier !

GABRIELLE, *avec un petit cri de joie*. — Oh ! que vous êtes chouette!!

URBAIN.— Tout à fait dans le train !

GABRIELLE.— Alors vous n'allez pas demander ma main ?

URBAIN. — Je vais vous dire la chose en douceur : je ne vais pas courir après.

GABRIELLE. — Vous êtes gentil comme tout.

URBAIN. — Mais voilà le hic ! Il y a le paternel qui n'en raisonne pas comme moi. Vous êtes au sac et nous sommes à la côte !

GABRIELLE. — Sapristi ! voilà un fâcheux contre-temps !

URBAIN.— Et monsieur votre père en mouille pour la noblesse. Nous, nous nageons dedans. C'est pourquoi nos deux pères ont entamé les négociations. Ils en sont, je crois, aux préliminaires du traité d'alliance, l'alliance franco-dèche ! Moi, je ne me trouve pas encore assez mûr. Je suis loin d'être blet ; je voudrais encore rigoler un peu avant de m'enchaîner.

GABRIELLE. — Moi, de mon côté, je ne veux qu'un vieux pour mari, parce que je ne veux pas m'embêter une fois mariée. Si je pouvais trouver un vieux noble qui en pince pour ma petite personne, ça m'irait beaucoup mieux parce qu'avec un homme d'un certain âge, la femme fait toujours ce qu'elle veut ; ce n'est pas la même chose avec un mari jeune.

URBAIN. — Je vous comprends, oh ! combien ! Vous êtes la jeune fille de mes rêves.

GABRIELLE. — Alors, à tout prix, il faut faire rater le mariage !

URBAIN. — J'entre dans votre combinaison.

GABRIELLE. — Êtes-vous un peu malin ?

URBAIN. — Il y a des gens qui le disent et je les laisse dire.

GABRIELLE. — Vous allez me prouver que ces gens-là ont raison. Trouvez un joint pour rompre tout.

URBAIN. — Ce sera dur !

GABRIELLE. — Si ça n'était pas dur, vous n'auriez aucun mérite à le trouver.

URBAIN, *se frappant le front.* — Euréka ! comme disent les Portugais.

GABRIELLE. — Allez-y !

URBAIN. — Faites-vous enlever par un autre.

GABRIELLE.— Ça n'est pas fort, ce que vous avez trouvé là. Je me compromettrais et ça ne nous avancerait à rien, je serais obligée d'épouser l'autre. Si au moins vous aviez un vieux noble à me proposer ?

URBAIN.— Mais je l'ai, le vieux noble; je l'ai. Vous n'avez qu'à parler, vous serez servie.

GABRIELLE. — Où est-il, votre vieux noble?

URBAIN. — Ici, ce soir.

GABRIELLE. — Présentez-le-moi ?

URBAIN. — Vous le connaissez, c'est papa !

GABRIELLE. — Monsieur votre père ?

URBAIN. — Ça vous ira comme un gant, il est veuf ! Je suis sûr que vous le bottez, il dit de vous un bien énorme. S'il veut me marier avec une jeune fille riche, c'est tout bonnement pour se refaire. Je le connais dans les coins, papa; c'est comme si je l'avais fait. Je vais lui parler de votre petite combinaison et je vous affirme qu'il marchera. Qu'est-ce qu'il lui faut, à mon paternel ? La galette ! Il va en être comme une petite folle, quand je vais lui proposer le plan. Ça colle-t-il ?

GABRIELLE. — Ça colle ! Urbain, vous êtes un ange !

URBAIN. — Gabrielle, vous êtes un amour ! C'est convenu, n'est-ce pas ?

GABRIELLE. — C'est convenu !

Urbain. — Une seconde tournée de valse, alors? L'orchestre répique au truc. Pour fêter notre entente, revalsons!

Gabrielle. — Revalsons!

Et tous les deux s'en vont, emportés dans le tourbillon des valseurs.

LE BOURRICHON

PEINTURE RÉALISTE

JACK ARDANT, homme riche, dit de lettres, 38 ans.
EUGÈNE MIROY, son secrétaire, 26 ans.

Dans le bureau de Jack Ardant, très vaste et très somptueux salon, avec des bronzes, des marbres et un buste du patron de l'établissement, Jack, affublé d'un veston de velours noir sous lequel on voit une chemise de soie bleue, a les pieds dans des pantoufles chaudes ; il est assis devant son bureau et parcourt un manuscrit que vient de lui remettre Eugène Miroy, qui, respectueusement, debout à deux pas du bureau, attend les ordres du patron.

JACK. — Bien, très bien !
EUGÈNE. — Vous trouvez, monsieur ?
JACK. — Oui.
EUGÈNE. — Cela vous plaît ainsi ?
JACK. — Certainement. Vous savez mettre la

pointe de philosophie amère, qui est comme l'estampille originale de tout ce que je signe.

Eugène. — M. Lubin, qui remplissait mon emploi avant que vous n'ayez recours à ma plume, ne faisait-il pas mieux?

Jack. — Je ne crois pas. Ce qui me plait surtout dans votre façon de faire, c'est que vous avez su attraper sa manière à s'y méprendre; on dirait franchement que ce que vous écrivez sort du même cerveau que ce que je signais l'an dernier. Vous subissez probablement mon influence tout comme il la subissait, et ce qui se dégage de nos entretiens vous reste très facilement gravé dans l'esprit. Je suis enchanté de vous.

Eugène. — Je vous remercie, monsieur.

Jack. — Je crois que, de votre côté, vous n'avez pas trop à vous plaindre de ma façon d'agir avec vous?

Eugène. — Aussi, je ne me plains pas.

Jack. — Cependant, il est une chose qui m'est particulièrement désagréable, et je vais vous faire un petit reproche. Vous avez proposé à M. Thierron, mon éditeur et ami, un roman signé de votre nom.

Eugène. — Vous ne m'aviez pas interdit...

Jack. — Certes non; mais vous pourrez faire cela plus tard. Pour l'instant, il ne me plait pas de faire savoir que mon secrétaire est capable d'écrire tout aussi bien que moi.

Eugène. — Cependant, monsieur...

Jack. — Oui, oui ; je sais parfaitement ce que vous allez me dire. C'est vous qui écrivez et je ne vous donne que de vagues idées. M. Lubin a déjà eu la même prétention, et j'ai été obligé de me priver de ses services. Je tiens à ce que le public, et mes amis surtout, puissent croire que les œuvres originales, que je produis à mes frais, sont de moi, et rien que de moi. C'est une prétention exagérée, allez-vous dire ? J'y tiens, cependant. Si je me suis créé une place dans le monde des lettres, je tiens à la conserver sans qu'il puisse y avoir l'ombre d'une suspicion sur ma capacité littéraire. Mes romans se vendent assez bien aujourd'hui.

Eugène. — Vous les faites acheter vous-même chez les libraires.

Jack. — Cela n'empêche pas qu'ils se vendent. Les journaux s'occupent beaucoup de moi lorsque paraît un de mes volumes.

Eugène. — Je rédige moi-même les échos et vous payez les articles de fond aux journaux qui veulent bien consentir à parler de vos œuvres.

Jack. — Tout justement ! Aujourd'hui, on n'arrive à la gloire qu'avec de l'argent ! Le métier de critique littéraire est devenu presque impossible; il paraît trop de livres et les véritables critiques, les bons, se font de plus en plus rares. Si l'on ne force pas l'attention des lecteurs en bourrant les journaux de réclames habilement faites, le public ignorera que vous existez et n'ira certainement pas chercher vos livres. Vous êtes bien peu dans le mouvement, mon pauvre monsieur Miroy! Le ciel m'a donné de la fortune, et je sais bien l'employer; je ne suis ni joueur ni débauché, j'ai su me composer une existence délicieuse. Je suis marié, heureux en ménage et je frise la popularité; car il n'y a pas à dire, aujourd'hui, je suis quelqu'un! Quand on voit mon nom dans les journaux, ce n'est plus celui d'un inconnu; j'en suis à mon sixième volume et ça n'est pas fini.

Eugène. — Oh! vous pourrez aller très loin.

Jack. — J'espère bien qu'un jour l'Académie m'ouvrira ses portes, ce n'est qu'une affaire de temps. J'ai le soin, d'ailleurs, de m'entourer de relations qui me permettront d'atteindre ce but.

Eugène. — Je vous le souhaite.

Jack. — En attendant, faites-moi donc le plaisir de composer la petite note qui accompagnera l'envoi à la Presse de mon prochain volume: *Le miroir trompeur!* Il paraîtra dans une huitaine, j'ai donné la semaine dernière les derniers bons à tirer. Vous avez bien revu les dernières épreuves ?

Eugène. — Oui, monsieur !

Jack. — Et puis, vous savez, ne ménagez pas la pommade ! Allez-y carrément ! Vous pouvez m'appeler Maître ! Beaucoup de gens trouveront cela très naturel. Dans la note, appelez-moi : « Notre jeune Maître ! Homme talentueux ! Fin lettré ! » Cela fera très bien et c'est très utile.

Eugène. — C'est, je crois même, indispensable.

Jack. — Il faut faire du tam-tam et cependant vous ne direz ainsi que la pure vérité.

LA FIN DU LUTTEUR

ÉCOLE NATURALISTE

PIERRE ROCHEGAIN, dit le Rempart d'Aurillac, lutteur, 58 ans.
ANASTASIE ROCHEGAIN, sa fille, 34 ans.
TIMOLÉON CASTOUT, dit l'Apollon, amant d'Anastasie, 40 ans.

Onze heures et demie du soir, dans une roulotte divisée en deux compartiments. Nos trois personnages sont groupés dans la partie de la roulotte qui sert de chambre à coucher à Pierre. Dans l'autre, il y a deux lits : Petit-Pierre, garçon de sept ans et demi, et Rosalie, petite fille de cinq ans, dorment enlacés et font de beaux rêves.

PIERRE. — Restez un peu avec moi, j'ai à vous parler. Les enfants dorment ?
ANASTASIE. — Oui, papa !
PIERRE. — Mes pauv' enfants, je suis foutu !
TIMOLÉON. — Dites donc pas d'bêtises.

PIERRE. — J' m'entends quand j' dis ça ; si j' dis foutu ! c'est comme lutteur que j' veux dire. Aujourd'hui, j'ai reçu l'coup du lapin.

TIMOLÉON. — Qui c'est qui s'est mal conduit avec vous ? Dites-le, père Rochagain, je l' démolirai !

PIERRE. — J' te r'mercie, mon garçon, t'es un brave cœur, mais c'est personne. C'est ma vieille carcasse qui est usée et qui n' peut plus supporter l' métier ; si j' vous dis qu'aujourd'hui j'ai r'çu l'coup du lapin, c'est encore une façon d' parler ; j'ai tout bonnement senti que j'étais sur ma fin et que l' travail m'était impossible, voilà c' que j'ai voulu dire. Dans la journée, vers les trois heures, quand y avait la baraque au complet et qu' j'avais demandé un amateur, il s'est présenté un p'tit gringalet, mis comme un gommeux, une espèce d'astèque.

ANASTASIE. — Qu' avait un pantalon blanc et un gilet crème ?

TIMOLÉON. — Tu l'as remarqué, toi, Tasie ?

ANASTASIE. — Oui, il avait l'air bien décati.

PIERRE. — Il l'était pour de sûr, mais malgré son air chétif, il était nerveux cet animal-là ! « Cent sous pour toi, qui m' dit, si j' te tombe ! » Cent sous ! c'est toujours bon à prendre, mais mon sacré amour-propre s'est mis à faire des siennes ! J' m'ai dit comme ça : « Faut pas t'laisser tomber par un avorton pareil, ta réputation en souffrirait ! » Il a senti que je n'marchais pas, alors y s'a raidi et j'ai senti qui m'tenait ferme ; a fallu que j'y aille d'un rude coup d'épaule pour le faire toucher. Mais à c'moment-là j'ai senti comme qui dirait quèque chose qui m'craquait à l'intérieur, j'ai eu un étouffement et j'ai pensé qu'un jour j'pourrais bien rester su l'tas.

ANASTASIE. — Faut pas avoir de ces idées-là, l'père !

PIERRE. — C'est possible qui faut pas les avoir, mais quand on les a, on les a, et toute la journée j'ai ruminé mon affaire. Voilà c'que j'ai décidé et c'que j'ai bien ancré dans ma caboche pour qu'ça n'en sorte plus ; d'ailleurs, je suis entêté, on n'me f'ra pas démarrer de mon idée. J'vas me retirer des affaires.

TIMOLÉON. — Vous, père Rochegain !

PIERRE. — Comme j'te l'dis, mon fiston ; j'ai pas fait bâtir une maison au pays pour des prunes : j'vas m'y r'tirer.

ANASTASIE. — Tout seul ?

TIMOLÉON. — Vous vous y embêterez à crever !

PIERRE. — Aussi j'irai pas tout seul, j'emmènerai les gosses !

ANASTASIE. — Mes p'tits ?

PIERRE. — Oh! sois tranquille, tu peux avoir confiance en moi, j'en aurai bien soin ; j'leur tiendrai lieu de nourrice ; i s'ront sous bonne garde et l'air du pays leur vaudra mieux que tous les trimbalages de fête en fête. Timoléon ! j'te donne mon fonds.

TIMOLÉON. — Vous me l'donnez ?

PIERRE. — Ça t'étonne ?

TIMOLÉON. — Dam !

PIERRE. — Tu t'es toujours bien conduit avec Tasie ; tu l'as pas épousée...

TIMOLÉON. — J' pouvais pas !

PIERRE. — Oui, t'as encore ta femme qui vadrouille de par le monde ; mais l'divorce a pas été inventé pour les culs-de-jatte seulement ! L'jour où l'cœur te dira d'divorcer et d'épouser ma fille en reconnaissant ta marmaille, tu n'f'ras qu'ton devoir. En attendant, sans notaire et sans homme d'affaires, pour éviter les frais, j'te donne mon établissement avec tout l'matériel ; il n'y a aucune dette, j'ai toujours eu soin d'payer d'avance ; de plus, comme tu roules pas sur l'or, je vais te donner une première mise de fonds de mille francs. Moi, je m'retirerai avec les enfants, j'ai trois mille francs de rentes sur l'État, une maison avec un jardin suffisant, c'est tout c'qui nous faudra. Quand t'auras fait fortune et qu't'auras épousé ma fille, ce qui arrivera, j'en suis sûr, un de ces quatre matins, vous viendrez me rejoindre et on vivra en famille. Quant à moi, c'est bien décidé, j'dirai adieu ce soir à tout mon bataclan, parce que j'veux pas r'venir sur c'que j'ai dit; d'main matin, au p'tit jour, j'filerai avec les enfants, pour pas avoir des remords et revenir sur ma parole. Tasie ?

ANASTASIE. — Papa ?

PIERRE. — Prépare ce soir leur petit baluchon ; et v'nez tous les deux que j'vous embrasse pour vous donner ma bénédiction avant d'filer !

Ils pleurent tous les trois. Le lendemain, au petit jour, Pierre emmenait les enfants, et se sauvait comme un voleur, sans vouloir se retourner ; deux grosses larmes tombèrent de ses yeux.

DITES OUI !

SCÈNE PASTORALE

GASTON DE RIOLLES, 35 ans.
ÉLODIE DE MONTAGNON, 20 ans.

Les Montagnon possèdent une splendide propriété aux environs d'Angers. Il y a, ce jour-là, grande fête au château, et dans la serre qui se trouve sur l'aile gauche du parc, assis sur un banc, Gaston et Élodie causent très dignement.

GASTON. — Vous êtes bien décidée à refuser ma main ?

ÉLODIE. — Tout ce qu'il y a de plus décidée.

GASTON. — Cependant, je ferai ma demande, et j'ose espérer que monsieur votre père l'accueillera favorablement.

ÉLODIE. — Mon père ne peut me forcer à vous épouser ; il est fini, le temps où les jeunes filles étaient contraintes d'obéir aux ordres de leurs parents. Je ne vous épouserai pas. Tenez-vous-le pour dit.

GASTON. — Voulez-vous me dire la raison qui vous fait me repousser ?

ÉLODIE. — La raison ? Mon pauvre monsieur de Riolles, vous êtes modeste. La raison ? Mais il y en a des masses de raisons, et je crois que la première vous suffira. J'en aime un autre que vous.

GASTON. — Croyez-vous que cette raison va détruire toutes mes espérances ?

ÉLODIE. — Elle ne vous suffit point ? Vous m'épouseriez, sachant qu'un autre a reçu l'aveu de mon amour ? Vous ne craindriez pas pour l'avenir ?

GASTON. — Non, ma chère Élodie. J'ai la ferme conviction qu'avec le temps et un peu de patience, je parviendrai à me faire aimer de vous.

ÉLODIE. — Celui que j'aime, vous le connaissez ; c'est même un de vos amis : Robert Miguel.

GASTON. — Un garçon sans le sou !

ÉLODIE. — Mais il me semble que pour votre part...

GASTON. — Oh ! moi, ça n'est pas la même chose. Je n'ai rien, j'en conviens ; mais je porte un beau nom avec la perspective d'avoir un jour ou l'autre une respectable fortune.

ÉLODIE. — Sur quoi, ou plutôt sur qui comptez-vous donc ?

GASTON. — Il est, dans notre famille, des traditions qui ne se perdent point. Les de Riolles possèdent des biens considérables qui ne sont jamais sortis de la famille. Je suis menacé, je le sais, de les voir passer en d'autres mains ; je puis, d'un coup de baguette, faire changer toutes les dispositions de mes parents, éloignés ou non. J'ai mené, la chose est sûre, jusqu'ici une existence peu exemplaire, et j'ai sottement dissipé mon patrimoine. Je suis maudit par mes ancêtres, et mes aïeux tressaillent au fond de leurs tombeaux, en songeant à la vie de patachon que j'ai menée. Tout peut rentrer dans l'ordre, si je me range. Il ne tient qu'à vous de mener à bien cette bonne action. Si vous voulez vous en donner la peine, rien ne sera plus facile : Dites oui ?

ÉLODIE. — Je ne vous ai donné qu'une de mes raisons. Il en est d'autres : la différence de nos âges, par exemple !

GASTON. — Mes trente-cinq ans vous sont un sûr garant de la sagesse que j'ai acquise avec les ans. Et vous serez certaine de ne pas être trompée par moi.

ÉLODIE. — Qui sait? Ensuite, vous n'êtes pas joli, joli...

GASTON — Oh! la beauté chez l'homme!!!

ÉLODIE. — Vous êtes petit, étriqué, vous n'avez pas l'air solide.

GASTON. — C'est ce qui vous trompe! J'ai un tempérament de fer. La noce aurait dû me mettre à bas depuis longtemps; elle n'a fait que m'endurcir. Je suis un vrai dur à cuire, solide au contraire, jamais malade, malgré mon apparence rachitique. Il est une chose que je tiens à vous dire. Je me suis affirmé que vous seriez ma femme, et je suis entêté. Vous deviendrez comtesse de Riolles. Vous en aimez un autre! Peu m'importe! Vous finirez par m'aimer un jour ou l'autre.

ÉLODIE. — Quelle prétention!!

GASTON. — Je m'y emploierai par tous les moyens possibles. Vous me faites un tas d'autres objections. Je passe par-dessus tout cela.

ÉLODIE. — Il en est une que je ne vous ai point faite et qui doit entrer en ligne de compte. Vous n'avez pas l'air très épris de mes charmes. Je ne vous trouve pas du tout amoureux, et cela me blesse.

GASTON. — La vérité est que vous ne m'emballez pas positivement comme femme; cela ne m'empêche pas cependant de vous demander de m'accepter comme époux ?

ÉLODIE. — Pourquoi cette insistance ?

GASTON. — Si je vous dis le pourquoi, direz-vous : oui?

ÉLODIE. — Peut-être !

GASTON. — Non. Ce n'est pas peut-être qu'il vous faut dire ; c'est un oui bien net et bien franc. Donnez-moi votre parole que vous direz : oui.

ÉLODIE. — Je suis curieuse comme toutes les femmes. Je vous donne ma parole, na. Autant vous qu'un autre !

GASTON. — C'est ce que j'allais vous dire. Si je tiens à vous, voyez comme je suis franc, c'est que vous avez un million de dot et qu'aujourd'hui cela se trouve difficilement. Vous direz : oui ?

ÉLODIE. — J'ai promis. Et je viens de vous découvrir une grande qualité.

GASTON. — Laquelle ?

ÉLODIE. — La franchise.

GASTON. — A défaut d'autres, celle-là a bien sa petite valeur.

ÉLODIE. — Je vous autorise à prendre le baiser des fiançailles.

GASTON, *l'embrassant.* — Comtesse de Riolles, vous êtes adorable.

Élodie. — Allons, bon ! voilà que vous commencez à me faire la cour !

Gaston. — Tout vient à point à qui sait attendre.

L'ENGAGEMENT DE CÉLESTIN

TABLEAU MILITAIRE

IGNACE CORBILLET, banquier, 47 ans.
CÉLESTIN, son fils, 18 ans.
MARIE CORBILLET, femme d'Ignace et mère de Célestin, 37 ans.

> Cinq heures du soir. Madame Corbillet fait un petit ouvrage au crochet, assise dans l'embrasure de la fenêtre. Ignace fait les cent pas en supputant une affaire sur les fonds turcs. Ils attendent le retour de Célestin depuis un bon moment. Célestin finit par arriver.

IGNACE. — Ah ? Eh bien ?
CÉLESTIN. — Recalé !
MARIE. — Encore ?
IGNACE. — Encore et toujours et ce sera la même chose toute sa vie, ma pauvre femme ! Veux-tu que je te dise, espèce de galopin ! tu ne seras toute ta vie qu'un cancre, qu'un fruit sec

et tu ne mérites vraiment pas tous les sacrifices que j'ai faits pour ton instruction ; je me suis saigné aux quatre veines, je t'ai donné des répétiteurs puisque les boîtes à bachot n'arrivaient à rien avec toi, et à dix-huit ans et demi, tu n'arrives pas à passer ton bachot de rhétorique ! C'est immonde, tout bêtement !

Célestin. — Écoute, papa, le bachot, ça n'est pas une chose absolument indispensable ; j'en ai un bel exemple sous les yeux, toi, tu n'as jamais rien fichu.

Ignace. — Ça n'est pas la même chose, mes parents n'ont rien fait pour me donner de l'instruction.

Célestin. — Et pourtant tu as fait ton chemin tout de même ! Tu es arrivé à être un des premiers banquiers de Paris. Tu es douillard !

Marie. — Que signifie cette expression ?

Célestin. — Ça veut dire que papa a le sac, qu'il a su mettre des picaillons de côté et que par son travail, et son travail seul, son intelligence, il est arrivé à se créer une belle situation. Pourquoi n'en ferais-je pas autant ?

Ignace. — Parce qu'il me plaît de te voir passer ton baccalauréat.

Célestin. — Eh bien, si tu caresses cet espoir-là, tu pourras le caresser longtemps, parce que le baccalauréat me fait l'effet de l'huile de ricin. Il y a des gens qui ne peuvent jamais la digérer ; moi, je suis de ces gens-là !

MARIE. — Cependant, mon petit Célestin, en y mettant un peu de bonne volonté ?

CÉLESTIN. — Vois-tu, maman, ça serait comme des dattes, je n'y arriverai pas.

IGNACE. — Il ne nous reste plus qu'une chose à faire, alors !

MARIE, *qui tremble à la pensée de ce que va dire son mari*. — Quoi donc ?

IGNACE. — Nous allons faire engager ce gaillard-là.

CÉLESTIN. — Oh ! papa ! t'as là une chouette idée ! Être militaire, ça m'ira comme un gant, seulement, j' préfère m'engager parce que je pourrai choisir mon régiment.

MARIE. — Et que choisiras-tu ?

CÉLESTIN. — Parbleu, c'est pas malin à deviner : la cavalerie !

MARIE. — Les chevaux, c'est dangereux !

CÉLESTIN. — Oui, mais c'est bien plus chic ! J'aimerais pas être truffard, tandis que dragon ou hussard, c'est rupin ; on a un jus tout spécial !

IGNACE. — Malheureux enfant ! Tu ne vois dans le métier militaire que le costume que tu porteras.

CÉLESTIN. — Tiens ! quand on a l'habitude

d'être habillé avec la dernière élégance, on va pas s'amuser à chausser les godillots comme ça, du jour au lendemain.

IGNACE. — Tu ne te doutes pas un seul instant de l'importance, de la gravité du métier que tu vas embrasser.

CÉLESTIN. — Ça, je te l'avoue, je m'en fiche comme d'une guigne.

IGNACE. — Mais, espèce de galopin ! le métier militaire, ça n'est pas un divertissement, c'est un devoir sacré.

CÉLESTIN. — Oh ! là là ! Qu'est-ce que tu dis ?

IGNACE. — C'est l'amour de la patrie, la défense du sol et du drapeau ; c'est, en somme, une mission sacrée qu'on s'engage à remplir le jour où l'on s'enrôle dans le régiment des défenseurs de la patrie !

CÉLESTIN. — C'est épatant c' que t'es vieux jeu, papa ! Non, on n'a pas idée d' ça à Pithiviers. Tu crois encore à tous ces vieux boniments-là ? Tu marches encore dans la combinaison des grands mots. Honneur ! Devoir ! Amour sacré de la patrie ! Marseillaise et tout le bataclan ! Mais tout ça est changé, mon cher papa, le métier militaire comme tu me l'expliques a fait son temps. Trente-six campagnes ! Vingt-cinq blessures ! C'est coco ! Nous sommes modernes, nous ; nous changeons tout ça. Le régiment, maintenant, c'est la suite du bahut ; c'est le dernier endroit où l'on rigole !

IGNACE. — Nous ne ferons jamais rien de ce polisson-là !

MARIE. — Avec l'âge, il prendra de la raison.

CÉLESTIN. — Maman, v'là qu'tu te mets à dire des bêtises.

PAR-DESSUS LE MUR

SCÈNE CHAMPÊTRE

GUSTAVE REYBAUD, 17 ans.
YVONNETTE MERCIER, 14 ans.

Sur la crête du mur qui sépare la propriété de M. Reybaud, maire de Lamour-sur-Seine et riche fabricant de meubles du faubourg Saint-Antoine, de celle de M. Mercier, commissionnaire en marchandises de la rue de la Douane, à Paris. Les parcs des propriétés sont bout à bout, et les murs sont abrités par une double rangée de tilleuls, côté Reybaud, et une série de chênes touffus, côté Mercier. Une échelle est appuyée de chaque côté du mur, à un emplacement habituel. Au haut de l'échelle, Gustave (côté Reybaud) ; au bas de l'échelle, Yvonnette (côté Mercier).

GUSTAVE. — Vous n'êtes vraiment pas gentille aujourd'hui, ma p'tite Yvonnette. Pourquoi qu'tu n'veux pas v'nir pour que j't'embrasse ?

YVONNETTE. — J'ai peur. Je suis convaincue

que papa et maman se sont aperçus de notre amour.

Gustave. — T'es bête ! Pourquoi qu'vous croyez ça ?

Yvonnette. — Parce qu'aujourd'hui, en déjeunant, papa et maman ont parlé de m'envoyer terminer mes vacances à Châteauroux, chez grand'mère. Et comme je leur disais que je préférerais rester auprès d'eux : « Taisez-vous, mademoiselle ! que m'a dit papa ; une jeune fille n'a pas le droit de faire des observations, ni de contrecarrer ce que dit son père ! »

Gustave. — Alors, vous allez partir ?

Yvonnette. — J'en ai peur !

Gustave. — J'en mourrai !

Yvonnette. — Oh ! ne me dites pas ça !

Gustave. — Mon amour est trop violent. Si vous m'abandonniez maintenant, je sens que tout serait fini.

Yvonnette, *qui a monté deux échelons.* — Voyons, mon petit Gustave, vous savez bien que je vous aime !

Gustave. — Non, je ne le sais pas assez. Je vous trouve cruelle de jouer ainsi avec mon cœur. (*Avec un geste désespéré.*) Ah ! tu ne m'aimes pas '

Yvonnette, *qui a remonté deux échelons.* — Gustave, soyez raisonnable. Vous savez que j'ai juré que jamais je n'aurai d'autre mari que vous.

GUSTAVE. — Oui, on dit cela ! Mais ce sont des serments qui sont vite oubliés.

YVONNETTE. — Vous doutez de moi ?

GUSTAVE.— Oh ! non, mon Yvonnette. Mais je sens que je ne puis plus rester un jour sans vous voir. Si vous partiez, si je ne pouvais plus te voir, comme je te vois tous les jours, je tomberais malade. Quelle situation, ma pauvre amie ! Me vois-tu couché, grelottant la fièvre, avec le délire qui s'emparerait fatalement de moi ? Me vois-tu, dis-je, au lit, avec mes parents comme seule consolation ? Toi, loin de moi, auprès de ta grand'mère, ne te souciant pas de ma malheureuse situation, ce serait la mort à brève échéance.

YVONNETTE. — Ne dites pas cela, Gustave. Ne dites pas cela, vous me fendez le cœur. Vous me rendez malheureuse. Ah ! tu ne penses pas ce que tu dis. Réponds-moi ! Dis-moi que tu ne le penses pas !

GUSTAVE. — Alors, pourquoi restes-tu si loin de moi ? Pourquoi me priver de ton baiser quotidien ?

YVONNETTE. — J'ai peur.

GUSTAVE. — Peur de quoi ?

YVONNETTE. — De vous aimer trop.

GUSTAVE.— Vous ne m'aimerez jamais autant

que je vous aime. Moi, je suis fou d'amour. Allons, viens ! Monte les quelques échelons qui nous séparent, ou sans cela j'escalade !

Yvonnette, *grimpant rapidement les derniers échelons.* — Ne faites pas de folies, me voilà !

Ils tombent dans les bras l'un de l'autre.

Gustave. — Je t'aime, mon Yvonnette, je t'adore.

Yvonnette. — Moi aussi. Vous le savez bien.

Gustave. — Et je vous aimerai toute la vie. Je t'adorerai jusqu'à la tombe.

Yvonnette. — Ce que vous me dites me va droit au cœur. Ah ! vous êtes bien celui que j'ai rêvé. Le ciel nous a créés l'un pour l'autre.

Gustave. — Paix ! Paix ! Dégringolez ! J'aperçois vc parents dans le parc. S'ils nous pincent, nous sommes perdus. A demain.

Yvonnette. — A demain, sans faute ?

Gustave. — Vous n'irez pas à Châteauroux ?

Yvonnette. — Je ferai la malade plutôt que d'y aller. Mon amour est trop grand. A demain !

Gustave. — A demain ! Paix ! Paix ! V'là vot' père ! !

Ils dégringolent rapidement et cachent les échelles dans des massifs de verdure.

JOSEPH EST DE MAUVAISE HUMEUR !

SCÈNE DE GENRE

JOSEPH BOULARDIER, confectionneur en gros, 45 ans.
LAURE BOULARDIER, sa femme, 36 ans.
JEANNE BOULARDIER, leur fille, 17 ans.
MADELEINE PITANCHARD, amie des Boulardier, 38 ans.

Rue de la Sourdière, chez les Boulardier. Ils ont un joli petit appartement très confortable, et à deux pas du magasin de Monsieur, qui a sa maison de commerce rue des Petits-Champs. Ils habitent le même appartement depuis le jour de leur mariage ; ils l'avaient pris assez vaste, en prévision des enfants qui pourraient leur venir. Le Ciel ne leur a accordé qu'une fille. Laure a fait deux malheureuses fausses couches, et depuis dix ans... rien. Ils n'ont que peu d'espoir de voir leur famille s'augmenter. Jeanne est donc leur unique joie ; aussi est-elle une enfant tout ce qu'il y a de plus gâtée. Madame Boulardier a son jour de réception, le jeudi. Le temps étant un peu incertain ce jeudi, elle n'a reçu qu'une visite, celle de madame Madeleine Pitanchard, qui est une de leurs meilleures amies. Ces dames prennent le thé dans le petit salon.

MADELEINE. — C'est pour vous faire prier, alors?

JEANNE. — Oh! maman, dis oui à madame Pitanchard?

LAURE. — Ma chère enfant, je ne demanderais pas mieux, mais tu connais ton père aussi bien que moi, tu sais combien il est fantasque, et je ne voudrais pas prendre une décision sans l'avoir consulté. Joseph est le meilleur homme du monde; chaque fois qu'il peut me faire un plaisir ou faire plaisir à sa fille, il n'en laisse jamais échapper l'occasion; mais il suffirait que je vous promette d'aller à cette soirée, sans lui avoir demandé son avis, pour qu'il trouve le moyen de mettre des bâtons dans les roues. Il faut savoir le prendre, mon mari; il a ses bons et ses mauvais moments, et quand il n'est pas de bonne humeur, c'est comme si je chantais.

JEANNE. — Tu sais bien, maman, que ma toilette est toute prête.

MADELEINE. — Mes filles seraient si heureuses de présenter Jeanne à leurs petites amies! Ce sont elles-mêmes qui ont fait les invitations; je les ai laissées libres du choix de leurs invitées. Elles seraient désolées que Jeanne vint à manquer à l'appel. Ce sera, je vous l'assure, une charmante soirée de famille.

LAURE. — Je le pense bien.

MADELEINE. — Jeanne est déjà grande; et il est temps de la produire dans le monde.

JEANNE. — N'est-ce pas, madame? Et puis j'aime tant la danse!

MADELEINE. — Comme toutes les jeunes filles; malheureusement nos jeunes gens d'aujourd'hui n'ont pas le même goût et les danseurs se font de plus en plus rares : les jeunes filles sont obligées de danser entre elles. Si même, dans vos amis et connaissances, vous aviez quelques jeunes gens comme il faut désireux de passer une bonne soirée, je vous serais infiniment reconnaissante de me les amener; cela fera des danseurs pour ces demoiselles.

LAURE. — Vous êtes heureuse, vous, madame Pitanchard; votre mari ne voit aucun inconvénient à toutes ces petites réunions de famille.

MADELEINE. — Lui? Ah! bonté divine! Je le voudrais bien voir faire une objection! A la maison, c'est moi qui porte la culotte!

LAURE. — Vous êtes bien heureuse!

JEANNE. — Maman, quand je serai mariée, je ferai comme madame Pitanchard!

MADELEINE. — C'est un pli à prendre dès le début, ça, mon enfant; dans les premiers temps de votre mariage, il faudra prendre le commandement. Ce seront les trois premiers mois qui seront les plus durs; une fois cette étape franchie, ça ira tout seul. Mais il se fait tard, il faut que je rentre. Je puis compter sur vous, pour samedi, neuf heures?

Laure. — Je n'ose rien vous promettre. Attendez un instant ; Joseph va rentrer d'un moment à l'autre. Vous qui portez la culotte chez vous, vous arriverez peut-être à quelque chose ici ; parce que, si Joseph me refusait, il n'y aurait rien à faire. (*A ce moment, Joseph fait son entrée dans le salon.*)

Madeleine. — Quand on parle du loup!...

Joseph, avec *un air sévère*. — Vous parliez de moi?

Laure. — Je disais à madame Pitanchard que tu allais rentrer, qu'elle veuille bien t'attendre.

Joseph. — Je suis heureux, madame, très heureux que vous ayez consenti à m'attendre; malheureusement, vous voyez un homme de très mauvaise humeur!

Madeleine. — Tiens! Pourquoi donc?

Joseph. — Ah! ne m'en parlez pas, madame! Vous ignorez tous les soucis et tous les tintouins qu'on a dans le commerce. Votre mari est dans l'administration, il a sa vie réglée comme du papier à musique. Il arrive le matin à son bureau à neuf heures, il en ressort à midi, il rentre à deux heures, il part à cinq heures, il ne fiche rien de toute la sainte journée, et à la fin du mois les appointements rappliquent tout de même. Pour se distraire de temps en temps, il tarabuste un peu ses sous-ordres et le voilà dans la jubilation. Chez nous, c'est un souci continuel! Des clients qui ne payent pas ou qui ne commandent rien quand ils sont bonne paye, des employés qui vous volent, d'autres très honnêtes qui se m[o]quent de vous ; des concurrents jaloux qui vendent de la camelote à des prix fantastiques de bon marché et qui arrivent à faire un tort considérable à ceux qui vendent de la bonne marchandise. Je n'en finirais pas s'il me fallait vous énumérer tous les arias que nous avons. Ainsi, tel que vous me voyez, j'ai eu aujourd'hui une journée bien remplie. (*Se passant la main au-dessus des cheveux.*) J'en ai jusque-là!

MADELEINE. — Pour dissiper cela, il faudrait vous distraire.

JOSEPH. — Me distraire! Ah! bien, vous en avez de bonnes! Me distraire quand j'ai passé une journée comme celle d'aujourd'hui! Rien ne peut me distraire ; c'est à peine si je peux dormir un peu dans la nuit. Il serait bien malin celui qui pourrait me trouver une distraction pour l'instant! D'ailleurs, s'il avait le toupet de me la proposer, j'aurais vite fait de l'envoyer promener. Je ne me sens pas d'humeur à folichonner.

Madeleine. — Alors… (*Elle se lève.*)

Laure. — Vous nous quittez ?

Jeanne. — Comme ça ?

Madeleine. — Je reviendrai vous voir jeudi prochain, et j'espère alors trouver monsieur Boulardier en meilleure humeur.

Joseph. — C'est à souhaiter, madame, c'est à souhaiter ! Mes compliments à monsieur votre mari, s'il vous plaît ?

Madeleine. — Je n'y manquerai pas.

Laure et Jeanne vont reconduire madame Pitanchard, pendant que Joseph s'installe près de la cheminée et déplie le Temps.
Une fois dans l'entrée :

Laure. — Pourquoi ne lui avez-vous pas dit deux mots de votre soirée ?

Jeanne. — Ça m'aurait fait tant plaisir !

Madeleine. — Vous êtes bonne, vous ; avec un homme comme ça, il n'y a rien à faire. Vous aviez raison, je n'oserais pas m'y frotter.

Laure. — Je crois pourtant que vous pouvez compter sur nous.

Madeleine. — Vous lui en parlerez ?

Laure. — Oui, je saurai choisir mon moment.

Jeanne. — Quand ça, ma petite mère chérie ?

Laure. — Ça ne regarde pas les jeunes filles !
Madeleine. — Vous saurez cela quand vous serez mariée. A samedi?
Laure et Jeanne. — A samedi.

VOTRE FIGURE NE M'EST PAS INCONNUE !

TABLEAU A SURPRISE

TIMOLÉON LENFLÉ, homme marié et obèse, 54 ans.
MARCUS PAPILLON, fluet célibataire, 27 ans.
LE CONDUCTEUR.

L'omnibus qui mène du Panthéon à la place Courcelles vient de compléter son intérieur au bureau de la place Saint-Sulpice. A l'impériale, il reste tout juste une place à côté de Marcus, qui lit son journal très tranquillement. Timoléon, qui va à une cérémonie du côté du boulevard Péreire, court comme un dératé après l'omnibus, qui vient d'entrer au petit galop dans la rue du Vieux-Colombier. Après beaucoup de : Pstt! et d'appels désespérés poussés par Timoléon, le conducteur daigne s'apercevoir qu'un client le réclame. Il fait, avec son doigt, signe au malheureux coureur qu'il n'y a de la place qu'en l'air, et, soufflant comme un phoque, Lenflé fait savoir par un balancement de tête que cette place, bien que haut perchée, fera bien son affaire. Le conducteur tire son cordon ; l'omnibus a du mal à s'arrêter, les chevaux étant bien lancés ; le cocher ronchonne. Timoléon prend son temps pour arriver au véhicule, surtout parce qu'il ne peut faire autrement.

Le conducteur, *prenant Timoléon sous le bras.* — Allons ! hop là !

Timoléon, *avec quelques arrêts suspensifs.* — Hop là ! ouf ! hop là ! Vous êtes bon, vous ! !

Le conducteur. — Il est vrai que quand on a d' la viande comme ça à traîner.....

Timoléon. — Dites donc ! Tâchez d'être poli !

Le conducteur. — Grimpez ! Faut pas rester comme ça sur la plate-forme, si un inspecteur passait....

Timoléon fait péniblement l'ascension de l'entresol. Comme il n'y a qu'une place, il a un mal de chien à la trouver. Il finit cependant par la découvrir et, tout en marchant sur les pieds des voyageurs, qui le rembarrent, il arrive à la place vacante et tombe comme une masse sur la banquette, entre une grosse marchande de poissons et Marcus, qui, à côté de lui, a l'air d'un avorton.

Timoléon. — Pardon, monsieur !

Marcus. — Y a pas de mal !

Timoléon. — Si ce n'est pas honteux ! Cette compagnie des omnibus ! Regardez-moi ce matériel ! On est serré là-dessus comme dans une boîte à sardines.

MARCUS. — Heureusement que je n'en ai pas large.

TIMOLÉON. — Oui, je fais compensation. Pensez donc jeune homme, que je pèse deux cent douze !...

MARCUS. — C'est respectable !

TIMOLÉON. — Je ne sais pas si c'est une idée que je me fais, mais il me semble que votre figure ne m'est pas inconnue !

MARCUS. — C'est probablement une idée que vous vous faites, j'ai une figure bien ordinaire, car moi je vous regarde bien et je ne vous reconnais pas.

TIMOLÉON. — Vous savez, à Paris, on voit tant de monde dans une journée qu'on finit par s'embrouiller, surtout moi qui suis toujours dehors.

MARCUS. — Vous êtes probablement dans les affaires !

TIMOLÉON. — Heureusement pour moi je m'en suis retiré, car aujourd'hui elles vont bien mal à ce qu'il paraît ! Je vis de mes rentes et je suis toujours dehors ; c'est de mon naturel, je suis flâneur, j'adore être hors de chez moi.

LE CONDUCTEUR. — Place plaît?

TIMOLÉON, *qui n'a pas entendu.* — J'ai fait mon affaire en province et, depuis cinq ans, je suis venu habiter Paris avec ma femme qui en avait une envie folle. Ça la change de Lons-le-Saulnier !

Le conducteur. — Ah çà ! oùs-qu'il est l'voyageur qu'a pas payé sa place ? Qu'est-ce qu'est monté d'puis Saint-Sulpice ?

Timoléon. — Ah ! pardon, conducteur. (*Il se fouille péniblement et allonge ses trois sous.*)

Le conducteur. — Vous avez donc juré de m'faire arriver en r'tard à Courcelles ? A fallu arrêter deux heures pour vous, et maint'nant vous m'faites poireauter en haut. (*Il dégringole en grommelant.*)

Timoléon. — Ces conducteurs sont d'un malhonnête avec le public ! !

Marcus. — Ne m'en parlez pas !

Timoléon. — C'est drôle, plus je vous considère et plus il me semble que votre figure ne m'est pas inconnue, certainement j'ai dû déjà vous voir quelque part ?

Marcus. — Ça se peut, mais moi je ne me souviens pas.

Et l'omnibus déambule. Après la Croix-Rouge, il s'est arrêté rue du Bac, et il se dirige vers la rue de Bellechasse et la Chambre des députés.

Timoléon. — Est-ce joli ces boulevards ! Il n'y a qu'à Paris qu'on trouve des promenades aussi ravissantes. Allez donc chercher ça en province !

MARCUS. — Aussi on n'y va pas !

TIMOLÉON. — Quand on a tâté de ce malheureux Paris, on est empoigné ; il nous prend et c'est fini, on y est pour jusqu'à la fin de ses jours. J'y laisserai sûrement mes os.

MARCUS. — Oh ! mourir là ou ailleurs, ça revient au même.

TIMOLÉON. — Non, pas du tout, je ne suis pas de votre avis ; quand on quitte cette vallée de larmes au milieu de cette population bruyante, on ne passe pas inaperçu, il y a un tas de gens qui se découvrent sur votre passage lors de votre dernier voyage, on fait attention à vous, ça flatte, vous savez !

MARCUS. — Oh ! pour ce qu'on vaut à ce moment-là !

TIMOLÉON. — Vous devez être un sceptique, vous, jeune homme ?

MARCUS. — Quelquefois, à mes moments perdus. (*Au coin du pont de la Concorde, Marcus se lève. Timoléon lui tend la main.*)

TIMOLÉON. — Au plaisir de vous revoir, jeune homme !

MARCUS. — A l'avantage. (*Il descend ; une fois en bas il se retourne.*) Eh ! dis donc, Lenflé ! Maintenant ça me revient ! C'est l'an dernier que nous nous sommes rencontrés à l'hôtel du *Chat qui pelote*. J'étais au pieu avec ta femme quand tu as fait constater le flagrant délit par le commissaire de police ! Au revoir ! Embrasse Célestine de ma part !

Il se sauve. Timoléon fait une tête et les voyageurs s'esclaffent.

L'ORGANISATEUR

TABLEAU DE CHARITÉ

MADAME LA MARQUISE DE LA ROCHE-EN-BOIS, 40 ans.
MADAME ANAIS DU MONT-CENIS, 37 ans.
MADAME LA VICOMTESSE ALBERTINE DE GIF, 37 ans.
MADAME ODETTE DE LA HAUTE, 30 ans.
MADAME GILBERTE DE PRÉ-SALÉ, 26 ans.
IVAN DE LA TOUR DE NESLE, 35 ans.

Chez la marquise de la Roche-en-Bois, quatre heures du soir, dans le joli petit salon cerise et or de son hôtel de l'avenue de Messine. Les domestiques viennent de servir l'en-cas, très complet. Les dames sont assises en demi-cercle et, tout comme pour une conférence, une table est placée au centre du demi-cercle. Derrière cette table, se trouve Ivan, qui a devant lui une liasse formidable de papiers.

LA MARQUISE. — Nous ne serons plus dérangés maintenant. Monsieur de la Tour de Nesle, vous avez la parole.

Gilberte de Pré-Salé. — Nous vous écoutons religieusement.

Ivan. — Mesdames, permettez-moi, avant de vous donner lecture de mon rapport, de vous remercier de la confiance que vous m'avez témoignée en me désignant comme organisateur de la petite fête de charité que vous vouliez donner au profit des petites orphelines du quartier Mouffetard.

Madame du Mont-Cenis. — C'est nous, monsieur de la Tour de Nesle, qui vous devons des remerciements.

La vicomtesse. — Vous vous êtes acquitté de vos fonctions avec un dévouement au-dessus de tous éloges.

Madame de la Haute. — Nous savions que nous pouvions compter sur votre zèle quand nous vous avons demandé votre concours.

La marquise. — D'ailleurs, ne vous trouve-t-on pas toujours lorsqu'il s'agit d'une bonne œuvre ?

Ivan. — En vérité, mesdames, je suis confus...

Gilberte de Pré-Salé. — En vous recommandant à ces dames, je savais bien ce que je faisais ; je vous ai si souvent vu à l'œuvre.

Ivan. — Vous m'avez, je dois le reconnaître, joliment simplifié la tâche, car j'ai trouvé chez vous, mesdames, une telle bonne volonté, un tel dévouement...

La marquise. — J'ai bien chanté la cavatine des *Huguenots*?

Ivan. — Il n'y a pas une chanteuse à l'Opéra qui l'aurait chantée comme vous. Si Meyerbeer avait encore été de ce monde, il vous aurait certainement envoyé un billet de félicitations.

Madame du Mont-Cenis. — Comment m'avez-vous trouvée dans *le Passant*?

Ivan. — Vous avez joué Sylvia comme Sylvia elle-même ; vous étiez courtisane jusqu'au bout des ongles.

Madame du Mont-Cenis. — C'est l'avis de mon mari, et il s'y connaît.

Ivan. — Il est vrai que le Zanetto, qui vous donnait la réplique, l'a donnée avec un art vertigineux !

Gilberte de Pré-Salé. — Je vous remercie, monsieur de la Tour de Nesle.

Ivan. — Je vous dis le fond de ma pensée. Je regrette beaucoup que Coppée n'ait pas pu venir à la petite fête ; il était au lit ce jour-là. Certainement il n'aurait pas voulu d'autre interprète que vous à la Comédie-Française quand on reprendra son petit chef-d'œuvre.

Madame de la Haute. — Comment avez-vous trouvé mon exécution des pizzicato de Sylvia sur la harpe?

IVAN. — Divine! Tout simplement divine! Sublime! Idéale!

LA VICOMTESSE. — Vous n'en direz probablement pas autant de mon numéro?

IVAN. — Je vous demande pardon, madame la vicomtesse, le public vous l'a joliment prouvé. Était-il satisfait, ce public! C'était du délire! On vous a bissé *Ta gueule*; on vous a trissé *la Maladie de peau*. C'était tout bonnement du grand art. Ah! si vous vouliez faire du concert!!!

LA VICOMTESSE. — Mon mari ne me le permettrait pas.

IVAN. — Le vicomte est dans son tort; il ne prise probablement pas beaucoup la gloire?

LA VICOMTESSE. — Sortez-le de la Bourse, des courses ou de la politique, il n'y entend rien.

IVAN. — C'est malheureux!

LA MARQUISE. — Si vous nous lisiez votre rapport, monsieur de la Tour de Nesle? Je le vois volumineux et vous en aurez peut-être pour un bon bout de temps.

GILBERTE DE PRÉ-SALÉ. — Est-il nécessaire de nous lire tout ce rapport?

MADAME DU MONT-CENIS. — Il faut, pour la régularité des comptes, que nous en prenions connaissance et que nous le contresignions.

GILBERTE DE PRÉ-SALÉ. — Nous pouvons avoir confiance en M. de la Tour de Nesle ; il n'a qu'à nous dire le total des recettes et des dépenses, et cela, je l'espère, nous suffira. S'il y a un bénéfice, c'est tout ce qu'il nous faut.

IVAN. — Soyez heureuses, mesdames, il y en a un.

LA MARQUISE. — Ah ! tant mieux ! Nous ne sommes pas en déficit ?

IVAN. — Non.

LA VICOMTESSE. — Notre dévouement aura servi à quelque chose.

MADAME DE LA HAUTE. — Ces pauvres petites en avaient bien besoin ; elles sont dans le dénûment le plus complet : c'est navrant à voir.

LA MARQUISE. — Alors, donnez-nous vos résultats et nous signerons votre rapport.

TOUTES. — C'est cela !

IVAN, *d'un ton solennel*. — Le chiffre des recettes s'est élevé à la somme de trois mille onze francs !

MADAME DE LA HAUTE. — C'est merveilleux !

LA VICOMTESSE. — Étourdissant !

LA MARQUISE. — On ne pouvait pas mieux faire.

IVAN. — Nous avons dépassé le maximum. Quant aux dépenses, elles ont été malheureusement très fortes.

Gilberte de Pré-Salé. — Il fallait le prévoir !

Madame du Mont-Cenis. — Et alors ?

Ivan. — Nous avons dépensé deux mille neuf cent cinquante-neuf francs soixante-quinze centimes.

La marquise. — Ce qui nous donne encore comme bénéfice pour l'œuvre ?

Ivan. — Cinquante et un francs vingt-cinq centimes.

Madame du Mont-Cenis. — Eh bien ! c'est assez joli, ce me semble !

La marquise. — Nous n'avons pas donné notre temps et notre talent en pure perte.

La vicomtesse. — Pensez donc que les orphelines auraient pu en être de leur poche !

Gilberte de Pré-Salé. — C'est un très joli résultat. Il est vrai que quand on a M. Ivan de la Tour de Nesle comme organisateur...

Ivan. — On ne perd jamais d'argent.

LA JOLIE CHARCUTIÈRE

ESQUISSE MATINALE

MADAME CIREMOL, marchande de lait, 53 ans.
MADAME FOUROCHOT, sage-femme, 49 ans.
AGATHE, bonne à tout faire, 22 ans.

Sous une porte cochère de la rue de Bretagne. Il est sept heures du matin. Madame Ciremol surveille son petit étalage ; Agathe et madame Fourochot, chacune munie d'une boîte à lait, arrivent en même temps devant le magasin de la laitière.

Madame Ciremol. — Déjà d'bout, mam'selle Agathe ?

Agathe. — Vous pourriez dire : encore, car je m'suis pas couchée.

Madame Ciremol. — Si vos patrons savaient ça !...

Agathe. — Je m'suis débinée de bonne heure. J'ai été me déshabiller et me passer de l'eau sur la figure. C' qui fait qu'à six heures et demie j'ai eu l'air de descendre de mon sixième, comme d'habitude.

Madame Fourochot. — Vous avez découché ? Ça n'est pas bien, mam'selle Agathe !

Agathe. — J'ai été d'la noce au fils Blondeau. Y a pas d' mal à ça. Si j'avais demandé la permission de la nuit à madame, elle me l'aurait refusée. J'ai mieux aimé la prendre sans lui demander.

Madame Fourochot. — Du moment qu' c'était pour aller à la noce, y a rien d'mal.

Madame Ciremol. — Racontez-nous comment qu'ça s'est passé ?

Agathe. — Admirablement ! J'en ai pas raté une. Aussi ce matin, j' sens pus mes pieds !

Madame Ciremol. — Asseyez-vous un peu à ma place pour nous raconter ça !

Agathe. — C'est pas d'refus.

Madame Fourochot. — Vous étiez pas invitée, m'ame Ciremol, à la noce au fils Blondeau ?

Madame Ciremol. — Non. D'abord, c'est pas de mon âge les noces, c'est pour la jeunesse. Et pis ensuite si i m'avaient invitée, j'y s'rais pas été ; nous sommes à couteaux tirés avec les Blondeau.

Madame Fourochot. — Ah ! j'savais pas !

Madame Ciremol. — Depuis l'jour où leur sale roquet est v'nu pisser dans une de mes boîtes. Que le lendemain, tout l'monde m'a fait beaucoup de reproches de mon lait. Ça aurait pu m'causer énormément d'désagréments. Heureusement que j'suis arrangeante avec ma clientèle. Ça m'a pas empêchée d'aller j'ter un coup d'œil à l'église. Sans les vanter, la cérémonie religieuse était très bath ! Y avait un ténor qu'a chanté un morceau qui d'vait être au moins d'opéra.

Agathe. — C'était rien à côté du bal de noce ! Ah ! quelle soirée ! Elle me restera dans ma vie comme une nuit féerique. On se s'rait cru dans un palais !

Madame Ciremol. — Racontez-nous ça ?

Madame Fourochot. — Elle est jolie, la mariée ?

Madame Ciremol. — Elle est trop jolie ! C'est malheureux d'voir une belle fille comme ça, donnée à une tourte comme le fils Blondeau. Car vous savez ! celui-là, i n'a rien d'bien séduisant ; il est laid et pas malin. Il a bien une tête à l'être !

Agathe. — Et il le s'ra, j'vous en fiche mon billet. Si vous aviez vu cette nuit la jolie charcutière...

Madame Fourochot. — A quelle heure qu'i sont partis ?

Agathe. — Elle, elle n'avait rien d'pressé. Lui, avait l'air d'avoir du lait su l'feu. Il la talonnait tout l'temps pour caleter ; elle ne voulait pas. Y avait une espèce de petit cousin à elle qui la quittait pas d'une semelle et qu'avait l'air d'en pincer ferme. Sous prétexte qu'il était l'garçon d'honneur, i dansait toujours avec la mariée, pendant qu' sa demoiselle se morfondait. Y a certainement du louche là-dessous.

Madame Fourochot. — Où qu'ça s'passait, le balthazar ?

Agathe. — Loin d'ici, allez ! Aux Mille-Colonnes, rue de la Gaîté, à Montparnasse.

Madame Ciremol. — C'est un endroit chic !

Madame Fourochot. — Ça a dû leur coûter chaud, aux parents des jeunes époux !

Madame Ciremol. — Je m' suis laissé dire que l' père de la jeune fille était au sac, qu'il avait donné douze mille francs de dot, et qu'ils ont fait les frais d'la noce à compte à demi, avec le père Blondeau.

Madame Fourochot. — Ça a une valeur, le fonds au père Blondeau !

Agathe. — Et en s'mariant, l'fils succède à son père.

Madame Ciremol. — Comme il est fils

unique, c'est un joli chopin qu'elle fait là, la jeune demoiselle !

AGATHE. — Comme chopin, c'est p't'être pas son début. Dans tous les cas, elle n'en restera pas là. Quand elle va trôner dans l'comptoir, elle saura aguicher le client, et on y verra plus souvent des hommes seuls que des femmes, dans c'te boutique-là.

MADAME CIREMOL. — Comme clientèle, c'est meilleur, les hommes seuls. Ils ne marchandent jamais.

MADAME FOUROCHOT. — S'il n'y avait sur la terre que des hommes seuls, mon industrie s'rait bien vite dans l'troisième dessous.

AGATHE. — Cependant, quelquefois, il en faut des hommes !

MADAME FOUROCHOT. — Sans eux, je n'arriverais pas à joindre les deux bouts.

MADAME CIREMOL. — Vous en reconnaissez l'utilité.

AGATHE. — Enfin, pour en revenir à mes moutons, i sont partis seulement sur le coup de trois heures du matin. Et à l'heure où je vous parle, i doit y en avoir un d'moins sur la terre.

MADAME FOUROCHOT. — P't'être pas ; il est si godiche, le fils Blondeau !

AGATHE. — Et puis moi, j'ai la conviction qu'elle l'avait pas attendu pour ça.

MADAME CIREMOL. — Si c'était vrai, ça m'amuserait joliment. Des gens qui ont un si sale cabot!

MADAME FOUROCHOT. — Alors, vous, mam'selle Agathe, vous êtes restée jusqu'à six heures?

AGATHE. — Non, j'ai parti à quatre heures.

MADAME CIREMOL. — Toute seule?

AGATHE. — Vous êtes bien curieuse. Eh bien, non, j'suis pas partie toute seule. J'suis été avec Paul, le garçon de l'épicier.

MADAME CIREMOL. — Paul!... J'connais pas.

AGATHE. — Le grand blond, qu'est si aimable et qui pèse si bien.

MADAME FOUROCHOT. — J'vois ça d'ici. Où qu' vous êtes allés ensemble?

AGATHE. — Il a tenu à me faire voir sa chambre. Alors, j'y suis été.

MADAME CIREMOL. — Et alors?...

AGATHE. — Bédame! Naturellement! Quand on fait la noce, on la fait jusqu'au bout; moi, je n'connais qu'ça. Maintenant, donnez-moi dare-dare mon lit' de lait, parce que Monsieur aurait l' toupet de m'engueuler, si son café au lait n'était pas prêt à huit heures. J'ai des patrons qui sont exigeants!...

MADAME FOUROCHOT. — Les maîtres sont tous les mêmes! Par la même occasion, vous m'donnerez mes deux sous d' lait, m'ame Ciremol ?

Madame Ciremol. — Voilà, mes mignonnes ! Et bien servies, comme toujours.

NON !

TABLEAU A SURPRISE

JEANNE TÉBEL, 24 ans.
MAXIMILIEN TÉBEL, 33 ans.
OCTAVE LEBLANC, cousin de Jeanne, 23 ans.

Le ménage Tébel est certainement un des plus unis et des plus heureux que je connaisse. Maximilien adore sa femme et Jeanne adore son mari. Lui ne la trompe jamais, elle est d'une fidélité exemplaire. Comme elle est vraiment très jolie, non pas de ces beautés froides, pures de lignes et qui provoquent l'admiration parce qu'elles en imposent, Jeanne est Parisienne, ce fut une véritable révolution dans la petite ville de Rambouillet, le jour où le nouveau notaire vint s'y installer. La jolie petite frimousse de la notairesse troublait tous les jeunes gens et même les hommes d'un certain âge. Cependant, elle sut résister à toutes les attaques, et, depuis deux ans que le nouveau notaire fonctionne dans cette sous-préfecture de Seine-et-Oise, les mauvaises langues en ont été pour leurs frais d'espionnage ; il n'y a rien à rédire sur la conduite de madame Tébel. Octave Leblanc, un jeune cousin de province fraîchement débarqué comme premier clerc dans l'étude du mari de sa cousine, ne se tient pas pour battu. Il est tenace, et malgré les rebuffades, il profite un beau matin de l'absence de son patron pour s'introduire dans l'appartement de sa cousine. Jeanne est occupée à faire un tri dans ses dentelles.

OCTAVE. — Je vous en prie, Jeanne, écoutez-moi ?

JEANNE. — Encore vous, mon cousin, vous savez pourtant bien ce que je vous ai dit : Non, non et cent fois non ? Pourquoi continuez-vous à me poursuivre de vos assiduités ? Vous savez bien que vous perdez votre temps.

OCTAVE. — C'est que je vous aime tant, ma cousine.

JEANNE. — C'est possible, mais moi je ne vous aime pas.

OCTAVE. — Jamais vous ne seriez aimée comme par moi, car ce que je professe pour vous, c'est une espèce de culte.

JEANNE. — Ah çà ! une bonne fois, voulez-vous que nous parlions raison ?

OCTAVE. — Je le veux bien.

JEANNE. — Dans l'état d'exaltation où vous vous trouvez, je me demande même si c'est bien la peine de vous parler raison, vous ne comprendrez sûrement pas.

OCTAVE. — Si, ma Jeanne bien-aimée !

JEANNE. — Vous le voyez, je ne vous ai encore rien dit et vous commencez par dire des bêtises ; je ne vous ai jamais autorisé à m'appeler votre Jeanne bien-aimée.

OCTAVE. — Mais je dis ce que je pense !

JEANNE. — Et je vous défends de le penser. J'aime mon mari, mon cher cousin, vous le savez, Maximilien est l'homme que je mets au-dessus de tous les autres ; il en est peut-être de plus beaux, de plus séduisants, de plus désirables, mais pour d'autres que pour moi. Je me considère comme sa chose sacrée, je suis sa propriété et je ne le tromperai jamais, parce que je l'adore. Maintenant, faites bien attention à ceci, c'est que je commence à être lasse de vous désabuser continuellement, il faut que cela ait une fin ; il ne m'a pas plu jusqu'à ce jour de prévenir mon mari, mais je n'aurais qu'un mot à dire, et mon mari vous enverrait replanter vos choux chez vous.

OCTAVE. — Vous ne ferez pas cela, ma cousine, et vous m'écouterez.

JEANNE. — Non !

OCTAVE. — Vous comprendrez que vous ne pouvez pas me laisser ainsi sans partager mon amour, vous sentirez que je suis sincère et que votre barbarie me tuera.

JEANNE. — Non !

Octave. — Vous verrez la différence qui existe entre votre mari et moi ; certes, je ne veux pas dire que mon cousin n'est pas un homme intelligent, mais j'ai la jeunesse, moi, un amour complètement pur qui n'a que vous comme objectif et la passion vous entraînera.

Jeanne. — Non !

Octave. — Nous irons loin d'ici cacher nos amours ; je ne sais pas où nous irons, mais nous irons loin. Personne ne pourra soupçonner notre bonheur. Quoiqu'il arrive, vous me trouverez toujours sur vos pas et vous me céderez.

Jeanne. — Non !

Octave. — Puisqu'il en est ainsi, c'est ma mort que vous désirez ; vous serez satisfaite et avant qu'il soit peu vous verrez rouler à vos pieds mon cadavre ensanglanté, car un de ces quatre matins je viendrai guetter votre sortie, ce sera terrible et mélodramatique, car c'est sous votre froid regard que je me ferai sauter la cervelle.

Maximilien, *qui sort de sa bibliothèque où il se trouvait depuis une heure.* — Non ! non ! et cent fois non ! Ah ça ! vous n'entendez donc pas que votre cousine vous le crie depuis une demi-heure ? Ça n'est certainement pas à Rambouillet que vous laisserez votre carcasse, car vous allez me faire le plaisir de prendre vos cliques et vos claques et de regagner la maison de vos parents et ce, avant ce soir. Montez à votre chambre, bouclez votre valise, je vous attendrai ici et j'irai moi-même vous conduire à la gare. Quand vous en aurez séduit une autre que votre cousine et que vous en aurez fait votre femme légitime, je vous autoriserai à revenir nous voir ; d'ici là, la porte de notre maison vous sera consignée. J'ai la plus entière confiance en ma femme (*Il l'embrasse.*), mais elle a besoin d'être défendue contre les raseurs et franchement vous avez pendant trop longtemps accompli cette tâche en ma demeure ; cette pauvre Jeanne a besoin de repos. Allez, vous n'avez que le temps de préparer votre valise.

OCTAVE, *piteusement*. — Bien, mon cousin !

MAXIMILIEN. — Si même, pour que les choses se passent dans les règles, vous le désirez absolument, je pourrais vous envoyer mes deux témoins, mais ils ne viendront que pour vous servir à la mairie, le jour où vous serez décidé à prendre femme.

OCTAVE. — C'est inutile, mon cousin !

MAXIMILIEN. — Et vous allez partir la mort dans l'âme, car j'interdis formellement à ma femme de vous donner le baiser des adieux.

OCTAVE. — Vous êtes cruel !

JEANNE. — Il est juste !

Maximilien. — Ma femme, ma chère femme, tu es un ange !

Octave. — Ah ! vous n'avez jamais aimé !

Maximilien. — Je vous demande pardon, j'aime encore, mais je ne me fais pas supporter, moi, on me désire. Tâchez donc d'en faire autant blanc-bec !

Octave. — J'essayerai, mon cousin,

CONSULTATION

TABLEAU CONFIDENTIEL

LE DOCTEUR ABEL MOUTON, 38 ans.
ARMANDE DE ROSEVAL, 24 ans.

Le docteur Abel Mouton possède une très belle clientèle ; son cabinet, situé rue du Colisée, voit défiler tous les mardis, jeudis et samedis, de deux à quatre, les femmes les plus élégantes et de la meilleure société parisienne. Mardi dernier, il venait de reconduire une jeune femme qui, pour un misérable bobo, était venue le consulter, lorsque le domestique introduisit dans son cabinet Armande de Roseval, femme très distinguée qu'Abel avait maintes fois rencontrée dans le monde.

LE DOCTEUR. — Entrez, madame ! Mais je ne me trompe pas : madame de Roseval !

ARMANDE. — En personne.

LE DOCTEUR. — Asseyez-vous donc, chère madame, et dites-moi quel est le fâcheux accident auquel je dois l'honneur de votre visite. D'où souffrez-vous ?

Armande. — De nulle part!

Le docteur. — Alors, tant mieux! Vous venez sans doute me consulter pour un des vôtres; est-ce que monsieur de Roseval...?

Armande. — Il se porte comme un régiment de charmes; non, ce n'est pas cela. J'ai toujours entendu dire qu'un médecin était comme un confesseur.

Le docteur. — Et c'est la vérité, madame.

Armande. — J'ai fort peu de religion et j'ai plus de confiance en vous qu'en la personne du curé de ma paroisse, que j'ai négligée depuis bien des mois.

Le docteur. — C'est un tout petit malheur!

Armande. — Donc, je viens vous consulter, mais j'espère que tout ce que je vous dirai ne sortira pas d'entre nous.

Le docteur. — Vous pouvez avoir en moi la plus grande confiance. (*Lui prenant les mains.*) Chère Armande!

Armande. — Tiens! vous vous souvenez de mon prénom?

Le docteur. — Je l'ai trouvé peu commun et très joli; je l'ai retenu. Causez, je vous écoute.

Armande. — Je suis mariée depuis quatre ans.

Le docteur. — Déjà?

ARMANDE. — Oui, le temps passe très vite. Or, avant mon mariage, j'avais entendu vanter par toutes mes amies et camarades les joies infinies du mariage et la satisfaction physique qui en découlait. C'est en vain que je l'ai cherchée, cette joie, dans les rapports conjugaux qu'il m'a été donné d'avoir avec mon mari pour lequel j'ai la plus grande sympathie.

LE DOCTEUR. — Tout cela est une affaire de tempérament.

ARMANDE. — Je vous avoue que j'ai eu une certaine désillusion; cependant, consciencieusement, j'ai rempli mes devoirs d'épouse; pendant trois ans j'ai été, je puis bien le dire, la femme la plus fidèle de Paris.

LE DOCTEUR. — Et maintenant vous trompez votre mari depuis un an?

ARMANDE. — Non, pas encore; mais depuis un an j'hésite.

LE DOCTEUR. — Pourquoi?

ARMANDE. — Vous allez me trouver ridicule... Enfin voilà. Je suis assez bien de ma personne.

LE DOCTEUR. — J'allais vous le dire.

ARMANDE. — On me le répète sur tous les tons. J'ai une foule d'adorateurs, et depuis le lendemain de mes noces, il ne se passe pas un jour sans que quelque seigneur de ma cour ne me fasse une déclaration. J'ai toujours repoussé avec dédain les avances qui m'étaient faites, mais, hélas ! le cœur est faible, et je sens que je vais tromper ce pauvre Édouard.

Le docteur. — Édouard, c'est votre mari ?

Armande. — Oui, docteur !

Le docteur. — Pourquoi hésitez-vous ?

Armande. — J'ai une certaine appréhension. Celui qui me fait battre le cœur, car j'ai le cœur qui bat, est un jeune homme beau, élégant, vif, le type le plus complet de l'homme distingué, un peu dans votre genre.

Le docteur, *lui baisant la main.* — Merci !

Armande. — Vrai ! Je ne veux pas vous dire son nom, vous ne le connaissez pas.

Le docteur. — Je ne tiens pas à le savoir, j'envierais son bonheur !

Armande. — Or, certainement, il me plaît, mais je crains que les joies de l'adultère ne me donnent pas plus de satisfactions physiques que les rapports légitimes.

Le docteur. — C'est la seule raison qui vous empêche de tromper ce pauvre Édouard, comme vous dites !

Armande. — C'est la seule.

Le docteur. — Vous avez bien fait de venir me consulter ; avec moi vous pourrez faire des comparaisons qui. . . . .

. . . .

Armande s'est prêtée à l'expérience avec une telle bonne volonté, qu'au bout d'une demi-heure, à demi pâmée elle murmure :

ARMANDE. — Et tes clientes qui attendent ?

LE DOCTEUR. — Oh ! celles-là peuvent attendre, elles sont vraiment malades; seulement, à l'avenir, tu viendras me consulter le matin, nous aurons plus de temps à nous.

ARMANDE, *en l'embrassant.* — Oui, mon chéri !

LE DÉSESPÉRÉ

ÉTUDE TROUBLANTE

RAYMOND LAMBERTIN, 30 ans.
DOMINIQUE MONTAL, 32 ans.

Chez Dominique, qui possède une jolie petite garçonnière dans la rue de Lubeck. Il est deux heures ; il fait un temps merveilleux. Dominique est en tenue d'intérieur. Il attend évidemment une visite, mais ce n'est certainement pas celle de son ami Raymond Lambertin, que le domestique vient d'introduire.

DOMINIQUE. — Toi ?

RAYMOND, *qui a le visage décomposé.* — Oui, moi ; tu ne m'attendais pas ?

DOMINIQUE. — Tu es dans le vrai !

RAYMOND. — Tu vois un homme au désespoir !

DOMINIQUE. — Il y a au moins quinze jours que je ne t'ai vu ; que deviens-tu ?

Raymond. — Je dépéris à vue d'œil ; tu ne me trouves pas maigri ?

Dominique. — Si, un peu.

Raymond. — C'est l'amour qui me met dans cet état-là.

Dominique. — Tu en abuses ?

Raymond. — Au contraire, je me dessèche pour une femme qui me repousse ; elle me rebute, elle ne veut pas de moi. Et moi qui blaguais les camarades autrefois, je suis obligé de convenir aujourd'hui qu'on peut mourir d'amour.

Dominique. — Pas à ton âge ! Plus jeune, je ne dis pas le contraire, mais quand on a passé la trentaine, c'est très rare.

Raymond. — Je serai donc l'exception ; j'ai eu trente ans avant-hier, et je sens que cela me tient à un tel point que je serai vaincu par Cupidon ; j'ai le cœur transpercé de part en part.

Dominique. — Pauvre ami !

Raymond. — Si encore c'était une vertu farouche, je comprendrais son insistance à me refuser ; mais ça n'est pas cela du tout...

Dominique. — Écoute, mon vieux, tu me fais une peine inouïe, mais je vais te donner un bon conseil, un conseil d'ami ; je suis un copain, moi, tu le sais, et je passe pour ne pas être tout à fait un imbécile ; or, je puis te garantir que mon conseil aura du bon. Une femme te repousse, il te faut immédiatement un antidote ; prends vite une autre femme, dix femmes, vingt femmes ; tu t'étourdiras, et au bout de quinze jours tu ne penseras plus à celle qui te torture le cœur, tu seras même le premier à rire de ta naïveté. Ce n'est plus à notre âge qu'il faut s'emballer sottement, sous peine de passer pour un ramolli.

RAYMOND. — Je ne demanderais pourtant qu'à lui prouver le contraire.

DOMINIQUE. — Alors, c'est dit, hein? Tu vas faire la fête?

RAYMOND. — Oui, si tu veux venir avec moi.

DOMINIQUE. — Demain je ne dis pas, aujourd'hui c'est impossible. Dans un quart d'heure j'attends ici une belle fille qui est folle de moi.

RAYMOND. — Veinard !

DOMINIQUE. — Malgré mes trente-deux ans, hein, c'est joli?

RAYMOND. — Ça m'arrivera peut-être quand j'aurai ton âge. En attendant, comme je veux te laisser à tes amours, je ne suis pas un égoïste, moi, je ne veux pas troubler le bonheur des autres... Je vais te laisser, mais avant tu vas me faire une promesse.

DOMINIQUE. — Quelle promesse?

Raymond. — Je veux que tu prennes l'engagement d'aller trouver demain celle que j'aime et lui faire de la morale.

Dominique. — S'il ne faut que cela pour t'être agréable? Tu peux compter sur moi.

Raymond. — Tu es gentil! C'est juré?

Dominique. — C'est juré!

Raymond. — Tu lui dépeindras ma triste situation, tu lui diras que je l'aime à en perdre la tête, et que si elle ne veut pas de moi, je ferai certainement une boulette.

Dominique. — Je lui dirai tout cela, mais, mon vieux lapin, tu oublies d'éclairer ta lanterne. Où demeure l'objet de ta flamme? Et comment s'intitule la noble demoiselle?

Raymond. — Tu vois, j'en perds complètement la boule! Elle demeure 56 *bis*, rue Juliette-Lambert, et elle se nomme Léonide Lenoir.

Dominique. — Alors, mon vieux, il n'y a rien de fait!

Raymond, *interdit*. — Pourquoi?

Dominique. — Parce que c'est elle que j'attends!

Raymond, *devenant subitement livide*. — Infâme! Canaille! Voilà bien les amis! Tiens! je te méprise et je ne te reverrai de ma vie!!!

Il se sauve. Un quart d'heure après, Léonide était auprès de Dominique. Huit jours après, ils étaient tous les trois ensemble dans une avant-scène des Bouffes-Parisiens. Ils étaient les meilleurs amis du monde et ils avaient tous obtenu satisfaction.

LES REFRAINS DE CORALIE

TABLEAU A MUSIQUE

PROSPER BIDOUCHE, dessinateur géographe, 34 ans.
CORALIE ROBERT, sa douce compagne, 26 ans.

Ils vivent très modestement, très simplement, dans un logement peu confortable, au troisième sur la cour, boulevard Edgar-Quinet. Lui travaille comme un nègre (je dis : comme un nègre, parce que l'on a pour habitude de se servir de cette locution ; les nègres sont généralement très paresseux). Son travail, très minutieux, il le fait chez lui, devant la fenêtre, qui donne sur des des jardins ; au printemps, les oiseaux égayent de leurs concerts le petit intérieur. Ce qui jette un froid, même par vingt-cinq degrés de chaleur, ce sont les concerts de Coralie. La pauvre fille a la déplorable habitude de chanter faux comme un jeton (encore une maudite locution que je me vois forcé d'employer, bien qu'il existe des jetons absolument vrais ! — Enfin, passons !). Elle chante du matin au soir ; son galoubet ne rappelle que de très loin la voix de la Melba, et on peut être sûr qu'elle ne donnera jamais l'air exact. La seule chose qui soit juste, la voici... — à quoi bon vous le cacher ? — :

c'est qu'elle chantera toujours le poème de la façon la plus scrupuleusement fidèle, aussi bête que ce poème puisse être. Oh! ça, le poème, ça y est! Elle a une mémoire étonnante pour les paroles, absolument nulle pour la musique. Abrégeons ce préambule! Il travaille devant sa fenêtre, elle repasse son linge sur la table au milieu de la pièce, et elle chante.

CORALIE, *sur un air faux :*

> Manon, voici le soleil!
> C'est le printemps! C'est l'éveil!...

PROSPER. — Écoute, ma petite Coralie, c'est très gentil les *Stances à Manon*, je ne dis pas le contraire, mais quand c'est toi qui les chantes, ça manque totalement de galbe.

CORALIE. — T'es vraiment difficile, y a pourtant des gens qui trouvent que je chante bien.

PROSPER. — Oui, ceux qui ne s'y connaissent pas.

CORALIE. — Bien sûr que j'ai pas fait des études au Conservatoire!

PROSPER. — Je n'avais jamais espéré un tel bonheur!

Silence! — Il est rompu au bout de trois minutes.

CORALIE, *sur un air très faux :*

> Dans les sentiers remplis d'ivre...es...se
> Allons ensemble à petits pas.
> Je veux t'offrir, ô ma maître... es... se...

PROSPER. — Si tu voulais être bien gentille, ô ma maître...es...se! tu m'offrirais un peu de tranquillité?

CORALIE. — Je te gêne quand je chante ?

PROSPER. — Un peu, ça me trouble. Quand un homme est en train de dessiner les côtes du Canada, on ne se fait pas une idée de ce que les sentiers remplis d'ivre...es ..se ont d'influence sur son travail.

CORALIE.— C'est pourtant une bien chouette chanson. Elle est pleine de sentiment. C'est pas toi qui m'offrirais aujourd'hui le premier bouquet de lilas.

PROSPER. — Ça non ! Et pour deux raisons. La première, parce que j'ai un travail à exécuter qui ne souffre aucun retard ; la seconde, c'est qu'il y a longtemps que le dernier bouquet de lilas est fané. Nous en sommes aux capucines en fleurs.

CORALIE. — Ça m's'rait égal d'avoir aut' chose que du lilas, si t'étais un homme à aller le cueillir avec moi.

PROSPER. — Malheureusement, ma chatte, c'est impossible.

CORALIE, *brusquement, avec une profonde voix de basse très enrouée :*

Pendant qu'on danse au château de Versailles
Au poids de l'or, peuple on te vend le pain !...

PROSPER. — A propos, est-ce qu'il ne va pas diminuer, le pain ? Tu le payes toujours neuf sous les deux livres ?

CORALIE. — Toujours, mon coco chéri !

PROSPER. — Tant qu'il y aura des exploiteurs, ça sera la même histoire !

CORALIE, *continuant son refrain :*

Dansez, marquis ! pendant que la canaille,
Dans les faubourgs, crève et meur...re de faim !

PROSPER. — Il y a vraiment de quoi ! Quand on t'entend chanter ça, on a le droit de se laisser mourir de faim.

CORALIE. — C'est pourtant rudement beau ! Tu n'aimes pas cette chanson-là ?

PROSPER. — Je trouve ça bête à pleurer. On devrait enfermer les gens qui écrivent de pareilles inepties.

CORALIE. — Quand, dans l'temps, les chanteurs venaient dans la cour de l'atelier et qu'ils chantaient cette chanson-là, tout l'monde pleurait.

PROSPER. — Je comprends ça. Moi, j'aurais été apprenti dans ton atelier de modistes, j'aurais pleuré comme tout le monde, mais probablement pas pour les mêmes raisons.

CORALIE. — Tu n'aimes vraiment pas la musique !

Prosper. — Si, je l'aime. Mais pas celle que tu me serines.

Coralie. — T'as mauvais goût, tout simplement.

Prosper. — C'est ton avis, mais je ne le partage pas.

Silence. — Il est de nouveau rompu par Coralie, qui attaque son morceau de résistance sur un ton larmoyant qui fait mal au cœur.

Coralie :

> Je veux t'aimer
> T'aimer toute la vie...ye.

Prosper. — Ça me fera plaisir. J'aime mieux que tu le penses ; je consens à ce que tu me le dises ; mais, je t'en supplie, ne le chante pas !

Coralie. — Pourquoi ?

Prosper. — Parce que de t'entendre chanter comme ça, ça m'horripile, ça me porte sur les nerfs et que je ficherai le camp au café, si tu continues ; car je suis incapable de faire quoi que ce soit. J'adore la musique. Les oiseaux savent chanter des morceaux qui me plaisent. Quant à tes rengaines, j'en ai plein le dos et tu es prévenue. Surveille-toi si tu ne veux pas me voir décaniller.

Coralie *s'approche de Prosper et l'embrasse*

dans le cou. — Qui qui n'est la grosse bébête à sa p'tite femme ?

Prosper. — C'est Pépèr. Mais Pépèr veut être tranquille. Il a besoin de faire proprement sa besogne, Pépèr, et tes chants l'en empêchent.

Coralie. — Les hommes sont tous les mêmes : contrariants au possible, avec des idées toujours opposées à celles de leurs femmes. Tu ne dépares pas la collection. Léon, l'ami à Camille, est absolument comme toi.

Prosper. — Il n'aime pas à être rasé par des chansons ?

Coralie. — Non. Lui, c'est autre chose. Il ne peut pas supporter que Camille lui parle de toilettes. Ça le met dans tous ses états. Quand elle lui en ouvre la bouche, il se sauve.

Posper. — Je comprends ça. C'est un genre de conversation qui n'a rien de bien séduisant pour un homme. A sa place, j'en ferais tout autant. Ce que je sauterais sur ma bicyclette ! Ça n'est rien de le dire !

Coralie. — Grand méchant !

Silence. — Tout à coup, avec une voix de fausset terrible, Coralie lance un :

L'oiseau s'envo...o...le
Là-bas, là-bas...

PROSPER, *continuant :*

L'oiseau s'envo...o...le
Et ne revient pas !

Il saute sur son chapeau, et, avant que Coralie ait eu le temps d'y rien comprendre, il ouvrait la porte et filait. Il allait s'installer au Café de la Gare Montparnasse, où il était certain de retrouver des amis. A neuf heures du soir, il avait absorbé quinze apéritifs et il rentrait chez lui saoûl comme un Polonais. (Encore une expression usitée... Enfin !!!)

FIN

TABLE DES MATIÈRES

	Pages
Adalbert en revient	1
La quinzaine	7
Adolphe !	13
Les nouveaux locataires	19
L'intelligence commerciale	23
Le wagon J. 728	29
La belle-mère changée	35
Propos de chemineaux	41
Le suprême chic !	47
Morceau de chant	53
La jeunesse de Rébecca	61
Le cafard	69
Les intrus	75
Échange de serments	81
Escapade !	85
Heureux père !	91
La fortune du pot	97
Reine de Madagascar !	105

Fils de famille !........................	111
Excellente affaire !......................	119
Le long des fortifs......................	127
Hurluberlue !..........................	133
Liquidation !..........................	139
Les visites parisiennes..................	145
Idylle !...............................	151
Nana................................	157
Pitou !...............................	167
Jules !...............................	173
Nos papas !...........................	181
Les amis consolateurs...................	185
L'air intelligent.......................	191
L'heureux hasard......................	197
La veille des élections..................	203
Un contre deux........................	209
Graves occupations....................	215
Reproches mérités.....................	221
Très fort.............................	227
L'isolé...............................	233
Dare-dare !...........................	239
Ursule m'attend !......................	243
Vocation !............................	249
Travail !.............................	257
Aveux réciproques.....................	261
Le bourrichon........................	267
La fin du lutteur......................	273
Dites oui ?...........................	279
L'engagement de Célestin...............	285
Par-dessus le mur.....................	291
Joseph est de mauvaise humeur !.........	295
Votre figure ne m'est pas inconnue.......	303
L'organisateur........................	309

TABLE DES MATIÈRES

La jolie charcutière	315
Non !	323
Consultation !	329
Le désespéré	335
Les refrains de Coralie	341

ÉMILE COLIN — IMPRIMERIE DE LAGNY

www.ingramcontent.com/pod-product-compliance
Lightning Source LLC
Chambersburg PA
CBHW050753170426
43202CB00013B/2414